Clemens M. Hutter

HEXENWAHN UND ABERGLAUBE

Clemens M. Hutter

HEXENWAHN UND ABERGLAUBE

Damals und Heute

Clemens M. Hutter
Hexenwahn und Aberglaube
Damals und Heute
Salzburg: Ecowin Verlag GmbH, 2007
ISBN: 978-3-902404-50-3

Unsere Web-Adresse:
www.ecowin.at

1 2 3 4 5 / 09 08 07

Lektorat: Arnold Klaffenböck
Covergestaltung: Stephan Enzinger
Gesamtherstellung: Druckerei Theiss GmbH, A-9431 St. Stefan, www.theiss.at
Printed in Austria

Inhaltsverzeichnis

Totaler Krieg gegen ein Phantom

„Hexerei ist ein geheimes Verbrechen, das nur durch ein Geständnis bewiesen wird." Dieser Satz aus dem „Hexenhammer", dem Bestseller des Hexenwahns, bietet den fixen Punkt, von dem aus sich das gesamte System der Hexenhatz aus den Angeln heben lässt. Denn nur Folter erzwang ein Geständnis der Hexerei, weil es niemals konkrete Beweismittel gab, die Justiz also einen Krieg gegen ein Phantom führte und damit Unerklärliches zu erklären behauptete.

Abscheu und moralische Verurteilung des Hexenwahns und seiner verheerenden Auswüchse vom 15. bis in das 18. Jahrhundert sind zwar ehrenwert, erklären aber nichts. Nur zu leicht legen wir nämlich den Maßstab einer rechtsstaatlichen und demokratischen Gesellschaftsordnung an und übersehen dabei, dass wir ohne die Aufklärung nie unser zivilisatorisches Niveau erreicht hätten.

Entscheidend fällt ins Gewicht, dass dem „geheimen Verbrechen" der Hexerei jegliche Beweise fehlten. Deshalb sind Vorgeschichte und Zeitumstände ins Bild zu rücken. Vor dieser Szene spielten die Akteure des Grauens – nicht so sehr Henker und Richter als vielmehr die theologischen und juristischen Schreibtischtäter, die dieses „geheime Verbrechen" definierten und Methoden entwickelten, wie man die entscheidende Lücke der fehlenden Beweismittel überbrückt.

Zu klären wäre also dreierlei: Was konnten die Hexenjäger wissen und was nicht? Handelten sie bewusst gegen die Vernunft oder nicht? Was machte sie gegen zeitgenössische Kritik immun?

Psychologische Ferndiagnosen über Menschen, die das Grauen systematisierten und anwandten, mögen das moralische

Urteil von Sadismus, Sexualneurose, Frauenhass oder Zynismus untermauern. Erfolg verspricht vielmehr die Analyse der Ziele und Methoden, mit denen diese Theoretiker ihr System aufbauten und rechtfertigten. Dabei zählt unbedingt auch, dass ihre Erziehung und der Zeitgeist ihr Gewissen bildeten. Warum aber konnten sich damals Kritiker des Hexenwahns dennoch von ihrer Erziehung und dem Zeitgeist befreien?

Neugier und Zweifel bilden den Motor aller Wissenschaft, Logik ist ihr Treibstoff für die Fahrt in ein Neuland. Auch Spekulation ist als Kind der Neugier Teil der Wissenschaft, sofern sie von einer hypothetischen Annahme zu beweisbaren Erkenntnissen vordringt. Wissenschaft ist somit nie „fertig" und kennt deshalb keine unveränderbaren Dogmen – im Gegensatz zur Theologie. Man mag Dogmen anzweifeln, sofern sie den Glauben betreffen, dennoch könnte man sie aus einem ganz einfachen Grund tolerieren: Sie verstoßen weder gegen die Humanität noch gegen das zweithöchste Gebot, das Jesus gepredigt hat – die Nächstenliebe. Dogmenkritik hilft deshalb nicht zu wesentlich besserer Einsicht.

Gewiss hatte das Christentum entscheidenden Anteil an der Hexenjagd und den damit verbundenen Gräueln. Es erfand aber weder den Hexenwahn noch die Folterei. Beides waren Erbstücke aus der vorchristlichen Antike. Das rechtfertigt sicher nichts, erklärt aber den Geisteszustand einer Epoche, in der die Menschen ihre Existenz ständig von Unerklärlichem bedroht wähnten: von Wirtschaftskrisen, Wetterkatastrophen und Missernten, Seuchen, Hunger, Viehsterben und schließlich von vermeintlichen Umtrieben des Teufels.

Man darf den Hexentheoretikern sehr wohl vorhalten, dass sie mit religiösem Eifer auch ihre Kritiker verfolgten, ohne einen Gedanken daran zu verschwenden, dass diese Kritik (nicht nur aus unserer Sicht) begründet war und unhaltbare Thesen zerpflückte. Für uns schwer verdaulich, doch Tatsache ist: Selbst die Kritiker der Hexenhatz waren Kinder ihrer Zeit und glaubten an das Unwesen der Dämonen. Sie griffen daher nicht den theologischen Überbau der Dämonologie an, sondern die unmenschlichen Methoden der Hexenjagd, die eine anonyme Denunzierung als hinreichendes Indiz für Hexerei wertete. Das führte nahezu unausweichlich zur Hinrichtung.

Man reibt sich heute die Augen, wenn man in den diversen Hexentraktaten liest, auf welchen Aberglauben die Hexentheoretiker ihr System stützten. (Ähnlich verhält es sich heute mit den vielfältigen Formen des Aberglaubens.) Somit taucht die bohrende Frage auf, ob diese Menschen es nicht hätten besser wissen müssen, wenn sie sich gegen Kritik nicht immunisiert, sondern sie überprüft hätten.

Selbst nach dem damaligen Stand der Wissenschaft waren die Methoden der Hexenjäger sogar höchst anfechtbar:

Ihnen hätte klar sein können, dass sie mit den Methoden der (vorwiegend spekulativen) Wissenschaft versuchten, (physikalisch) Unerklärliches (theologisch) zu erklären.

Sie gründeten ihre Theorien auf Schauermärchen und Geschichten vom Hörensagen.

Sie zitierten massenhaft und wahllos aus der Bibel und den Werken „heidnischer" Autoren, sofern solche Zitate ihre Theorien stützten, und schrieben voneinander ab, ohne die Theorien ihrer „Vorschreiber" zu prüfen.

Sie konstruierten aus dem Sündenfall Evas und der Bibel ein Zerrbild der Frau – und zwar ohne Rücksicht auf andere Bibelzitate, die dieses Bild konterkarieren.

Sie rieten zu krassem Rechtsbruch, damit ein „geheimes Verbrechen" bewiesen werden kann.

Sie sprachen den Institutionen der Kirche und des Staates das Recht auf Konfiskation von „hexerischem" Besitz zu und bereicherten damit ein theologisches Anliegen um einen materiellen Anreiz.

Sie konstruierten mit beträchtlichem intellektuellen Aufwand eine Verbrechenstheorie, die den Einsatz der Folter rechtfertigen sollte.

Die Gräuel des Hexenwahns sind also nicht an den Barbareien der Folter, den Haftbedingungen oder den Hinrichtungsqualen allein zu bemessen, sondern an einer irrenden Theologie und an der Perversion der Justiz.

Dieses Buch beschränkt sich weitgehend auf Österreich und angrenzende deutschsprachige Randgebiete wie Liechtenstein, das Prättigau und Südtirol und greift nur dann über diesen Bereich hinaus, wenn besonders dramatische Beispiele das allgemeine Bild schärfen. Das gilt unter anderem für die Tatsache, dass die Hexenhatz in jenen souveränen Territorien innerhalb des „Heiligen Römischen Reiches Deutscher Nation" besonders wütete, in denen weltliche und kirchliche Macht zusammenfielen – wie in Salzburg, Würzburg, Bamberg, Köln oder Trier.

Auf einen umfangreichen Anmerkungsapparat wurde verzichtet, weil er zum allgemeinen Verständnis des Themas nichts beiträgt. Alle wörtlichen Zitate wurden ohne inhaltliche Veränderung dem Sprachgebrauch unserer Zeit angeglichen, damit die Lektüre nicht ins Stolpern gerät.

Ein besonderes Problem werfen finanzielle Aspekte auf, beispielsweise die Angaben der Entlohnung von Henkern in Gulden oder Reichstalern. Es gibt nämlich keinen „Warenkorb", der den Vergleich von Preisen und Löhnen mit unserer Zeit zulässt. Damit man aber eine Vorstellung erhält, wird die Kaufkraft von Geldsummen in Preise zeitgenössischer Produkte oder Arbeitszeiten übersetzt.

Clemens M. Hutter

„Hexen sollst du
nicht leben lassen"

„Eine Hexe sollst du nicht am Leben lassen." Mit diesem Satz aus dem Buch Exodus begann das Drama des christlichen Hexenwahns. Nicht, weil er das Töten anordnet, sondern weil er nicht definiert, wer eine Hexe ist und woran man sie erkennt. Brisanz zu diesem Drama steuerten noch drei Sätze aus dem Alten Testament bei. Das Buch Levitikus: „Männer oder Frauen, in denen ein Toten- oder Wahrsagegeist ist, soll man steinigen." Wer stellt da diese Geister und ihr Wirken objektiv fest? Und nochmals Levitikus: „Gegen einen, der sich an Magier und Wahrsager wendet und sich mit ihnen abgibt, richte ich mein Angesicht und merze ihn aus seinem Volk aus, sprach der Herr zu Moses." Der Herr definierte aber auch nicht, ob Moses unter Magiern und Wahrsagern vielleicht Sprüchemacher oder Scharlatane verstehen soll. Etwas deutlicher ist schließlich das Buch Deuteronomium: „Wenn in deiner Mitte ein Prophet oder Traumseher auftritt und dir ein Zeichen oder Wunder ankündigt und dabei sagt: Folgen wir anderen Göttern nach, sollst du nicht auf diese Worte hören. Der Prophet oder Traumseher aber soll mit dem Tod bestraft werden."

Demnach wäre der gemeinsame Nenner von Hexen, Wahrsagern, Traumdeutern und falschen Propheten – wohl herauf bis heute – das Abweichen vom vorgeschriebenen Weg, den Gott offenbart hat.

Das ändert nichts am Drama des Hexenwahns. Im Gegenteil: Diese Anweisungen öffneten den Theologen ein breites Feld der Interpretationen, die durch die Bank den Mangel an objektiven Fakten und Corpora Delicti mit subjektiven Spekulationen ersetzten. Genau das aber unterscheidet das imaginäre Verbrechen der Hexerei von der gemeinen Kriminalität: Erklärung von Unerklärlichem. Das Drama des Hexenwahns besteht also erstens darin, dass der kausale Zusammenhang zwischen einem beliebigen Unheil und seiner Ursache fehlt. Zweitens – und noch schlimmer: Diese Lücke überbrückte ein erfoltertes Geständnis, mit dem eine spekulative Theorie den Anschein erweckte, als beweise sie damit schlüssig den Zusammenhang zwischen einem unerklärlichen Unheil und dessen Ursache.

Nicht genug damit. Gewissermaßen prädestiniert für Hexerei ist die Frau, weil ihr das Buch Genesis den Sündenfall im Paradies zuschreibt: Sie sei der Verführung des Teufels in Form einer Schlange erlegen, habe gegen Gottes Gebot eine Frucht vom Baum der Erkenntnis gegessen, obendrein noch Adam zum Mitessen überredet und damit die Vertreibung der Menschheit aus dem Paradies heraufbeschworen. Daraus schlossen theologische Spekulationen, dass den Frauen verführerische Fähigkeiten angeboren seien – ein genetisches Erbe somit, lange bevor Georg Mendel die Gesetze der Genetik entdeckt hatte.

Die Genesis beschreibt auch die erste Folge des Sündenfalls: Adam und Eva gewahrten plötzlich, dass sie nackt und physisch verschieden sind, und sie versteckten sich deshalb. Mit diesem Erwachen des Schamgefühls kam also auch die Sexualität in die Welt und ging mit der unterstellten Verführungskunst der Frau eine für die Männer verderbliche Allianz ein. Wie sich der Mann dagegen wehren kann, beschreibt das Buch Deuteronomium: Falls der Ehemann entdeckt, dass seine Frau nicht jungfräulich in die Ehe ging, „soll man sie vor die Tür des Vaterhauses führen, und die Männer der Stadt sollen sie steinigen, sie soll sterben".

Aus alledem zieht das Buch der Prediger den fatalen Schluss: „Klein ist jede Bosheit gegen die Bosheit des Weibes." Dieser Satz wurde zu einem Leitmotiv der Hexentheoretiker und des Hexenwahns.

Daran ändert auch die Tatsache nichts, dass die fünf Bücher Moses rund ein halbes Jahrtausend nach dem Tod dieses Propheten entstanden. Ebenso wenig ist die Bibel verantwortlich dafür, was Spekulationen aus ihr machten. Entscheidend fällt allerdings ins Gewicht, wer die Deutungsmacht für die Bibel innehat. Immerhin bestimmte der spekulative Überbau den Verlauf des Hexendramas. Zu seiner Erklärung – und keineswegs zur Rechtfertigung – erfordert es die Fairness, die „Weltanschauung" der Hexentheoretiker auszuleuchten. Abermals gilt: Was konnten sie wissen und was nicht, welche Erziehung zu welchen Zielen genossen sie und waren sie deshalb ethisch zu Toleranz bereit oder nicht? Umgekehrt gefragt: Wieso kamen einige christlich profilierte Theologen, Juristen und Mediziner zur Zeit des Hexenwahns zu anderen Schlüssen als die Hexenjäger, obschon ihnen nicht bessere (naturwissenschaftliche) Erkenntnisse zu Gebote standen? Die Antwort ist erschütternd einfach: Die Lücken in den Beweisketten füllte einfach der Teufel mit seinen Umtrieben – gewissermaßen als Gegenstück zum „Deus ex Machina" (Gott aus der Seilwinde) im antiken Theater.

Immanuel Kant definierte die Aufklärung als „Ausgang der Menschheit aus selbst verschuldeter Unmündigkeit". Zwei Jahrhunderte nach Kant hat es aber den Anschein, als kehre ein Teil der aufgeklärten Menschheit in die Unmündigkeit des Aberglaubens zurück, wenn er Rat und Zuflucht bei Astrologen, Kartenlegern, Esoterikern, New-Age-Aposteln und Heilslehrern sucht, die es an Spekulation den Hexentheoretikern gleichtun.

Hexen als strategische Waffe nützen?

Der angesehene Konstanzer Jurist Ulrich Molitor fand 1489 für sein Traktat gegen den Hexenwahn die Zustimmung des Tiroler Erzherzogs Sigismund zu diesem Satz: „Gäbe es Hexen, dann müsste kein Fürst eine Armee unterhalten. Er müsste lediglich eine Hexe unter sicherem Geleit an der Grenze postieren, damit sie das feindliche Land durch Hagel verwüstet."

Leider widersprach diese militärische Logik dem drei Jahre zuvor erschienenen „Hexenhammer". Dieses Standardwerk der Hexenhatz hatte sehr wohl auch den militärischen Einsatz von

Hexen erwogen, jedoch als Ketzerei verworfen: „Wenn ein Fürst (zur Vernichtung seiner Gegner) in einem gerechten Krieg einen Hexer als Beistand aufnimmt, dann ist er samt seinen Beratern (wegen eines Bündnisses mit Hexen) zu bestrafen. Denn die Gottesfurcht steht über der Angst vor dem Menschen."

Somit hatte Ernst Rüdiger Graf von Starhemberg 1683 keine Chance, den türkischen Belagerern Wiens Seuchen anzuhexen oder von Hexenfliegerinnen erkunden zu lassen, wo denn die Entsatzheere des Polenkönigs Jan Sobieski III. und des Herzogs Karl von Lothringen stehen. Den Belagerer Kara Mustafa, einen frommen Muslim, hemmten aber weder theologische Argumente noch katholische Kirchenstrafen daran, eine Chance zu nützen. Damals standen nämlich gerade Dutzende Hexen in der Oststeiermark vor Gericht und bekannten unter Folter regen Flugverkehr zwischen Graz und der ungarischen Grenze – vornehmlich zu nächtlichen Sabbat-Orgien mit dem Teufel auf dem Stradner Kogel oder dem Schöckl. Warum kaufte also Kara Mustafa nicht die Angeklagten frei, damit sie über Wien Aufklärungsflüge unternehmen, die Verteidiger mit Krankheiten dezimieren oder unsichtbar in die Stadt eindringen, um Starhemberg und seine Offiziere zu erdolchen? Als frommer Muslim war er nach christlicher Lehre ein Heide und somit weder Ketzer noch todeswürdiger Teufelsbündler. Hätte er Hexen einsetzen können? Eine müßige Frage.

Unsichtbare Spione, fliegende Boten, Luftaufklärer, Fachleute für den Einsatz „biologischer Waffen" – welch eine strategische Reserve in einem Krieg, der nach einem Wort des österreichischen Generalstabschefs Raimondo Montecuccoli drei Dinge benötigt: „Geld, Geld und nochmals Geld!" Zehntausende tote Soldaten und massakrierte Zivilisten zählten damals nicht.

Die Verteidiger Wiens, darunter vor allem der Wiener Neustädter Bischof Leopold Kollonitsch, mussten den „Hexenhammer" kennen, zumal seinerzeit die letzte große Welle der Hexenhysterie über Österreich (in seinen Grenzen von heute) hinwegschwappte und die Gerichte sich an die Vorgaben des „Hexenhammers" hielten. Nicht nur hätten sie die Anführer der Türken umbringen oder Janitscharen massenhaft durch Verwünschungen töten können. Mit fliegenden Hexen wäre der Kontakt zu den Entsatzheeren ungleich schneller und wirksamer herzustellen gewesen als mit ein paar Kundschaftern, die diese Aufgabe unter Einsatz ihres Lebens und zudem nicht sonderlich präzise erfüllten, aber dafür Geld im Wert von annähernd fünf Reitpferden erhielten.

Die christlichen Verteidiger Wiens durften sich auch nicht auf einen „Beweis" stützen, den protestantische „Ketzer" 1618 bei der Belagerung Nördlingens geliefert hatten, nämlich die Schweden. Ihre wochenlange Beschießung der Stadt richtete kaum nennenswerten Schaden an. Also zogen sie ab und begründeten das mit einer lästerlichen Zumutung für die treu katholischen Nördlinger: „Die Stadt ist voller Teufel, Hexen und Unholde, die das Feuer segnen können, damit es nicht um sich greifen und brennen kann."

In der Kriegsgeschichte spielten somit die Hexen außer in Nördlingen keine Rolle. Wohl aber fiel es theologisch schwer ins Gewicht, dass Hexen und Zauberer im Kampf um Wien ihre teuflischen Fähigkeiten nicht beweisen durften. Das enthob allerdings die Hexentheorie der Blamage eines kläglichen Scheiterns. Wäre nämlich in Wien der einzige Beweis für Hexenmacht gelungen, so wäre dem „Hexenhammer" ein folgenschweres Eingeständnis erspart geblieben: „Hexerei ist ein geheimes Verbrechen, das nur durch erfolterte Geständnisse bewiesen werden kann."

Gewiss klingt eine hexerische Science-Fiction zum Thema Wien hanebüchen. Sie führt allerdings den mörderischen Hexenwahn jener Zeit ad absurdum. Denn es ist weder Science noch Fiction, dass damals die Menschen vom abergläubischen Volk bis hinauf in die Studierstuben der Gelehrten derlei als Erklärung für Unerklärliches glaubten.

Schwere Krisen schürten den Hexenwahn

Unter dem berühmten „Gottesplagenbild" im Grazer Dom steht: „1480 um unser Frauentag (= 15. August) sind hier zu Graz Gottesplagen drei gewesen: Heuschrecken, Türken und Pestilenz und jede so groß, dass den Menschen unerhörlich ist. Gott sei uns gnädig." Schickte sie also Gott als Strafe? Aber es fehlt noch der Hinweis auf Hexerei und Teufelswerk als Erklärung für unerklärliche Katastrophen.

177 Jahre nach den drei Gottesplagen traf Graz 1557 ein fürchterlicher Hagelschlag mit Schlossen bis zur Größe einer Faust. Dafür büßten zwei „Wetterzauberer" mit ihrem Leben. Knapp zwei Jahrzehnte später trieben schwere Gewitter in der Oststeiermark und vermeintlicher Wetterzauber in Salzburg den österreichischen Hexenwahn auf seinen ersten Höhepunkt.

Allerdings muss man klar unterscheiden: „Nachbarschaftszauber" gerade in banalen Formen von Zank, Neid oder Gehässigkeit schädigte nur Einzelne und war trotz unterstellter Hexerei vergleichsweise ein Bagatellfall. Erst wenn Hexerei die (auch nur dörfliche) Gemeinschaft gefährdete, wuchs sie zur sozialen Bedrohung der ganzen Gesellschaft heran und forderte drastische Gegenmaßnahmen. Die Auslöser der Hexenjagden mochten durchaus zeitversetzt sein, die Ursachen lagen stets in Krisen, die in Form von Missernten, Hungersnöten, Seuchen und Elend vor allem das Landvolk hart trafen, also Druck von unten erzeugten und die Obrigkeit zu gnadenlosem Durchgreifen veranlassten.

Ab 1345 flutete die Pest zumal während des Dreißigjährigen Krieges und an der Wende zum 17. Jahrhundert über Europa und raffte besonders im Süden und Osten Österreichs kleinregional bis zu 50 Prozent der Bevölkerung dahin.

Um die Mitte des 16. Jahrhunderts brach die „Kleine Eiszeit" aus. Sie verursachte binnen etwa sechs Jahrzehnten einen Temperatursturz um ungefähr 1,5 Grad. Die Folgen trugen vor allem die Bauern.

Ein Grad Veränderung der Temperatur verschiebt nämlich mittelfristig die Höhenstufen der Vegetation um bis zu 300 Höhenmeter nach oben oder unten. Deshalb kam beispielsweise der Weinbau in Vorarlberg, Nordtirol, Kärnten und Salzburg zum Erliegen – ausgerechnet jener einträgliche Zweig der Landwirtschaft, der ohne Düngung auskam, daher auch ohne Viehhaltung. Just das verschärfte die Krisen von Hungersnöten, denn Vieh gibt Fleisch, Milch und Butter.

In der „Kleinen Eiszeit" stießen die Gletscher vor, die Winter wurden länger, die Bauern durchlitten „Jahre ohne Sommer". Die bedrohliche Folge: Die Vegetationszeit und damit die Ernteerträge schrumpften und gefährdeten zumal im Gebirge die Existenzgrundlage der Menschen. Sie schrieben das den Wetterhexen zu. Wetterkatastrophen zogen stets verheerende Folgen nach sich: Späte Fröste, feuchte Sommer oder schwere Hagelzüge lösten Missernten aus und gefährdeten die Versorgung. Teuerungen verschärften soziale Spannungen, Ernteausfälle und Teuerungen lösten Hungersnöte aus, von Mangelernährung geschwächte Menschen fielen leichter Epidemien zum Opfer – vom ohnehin miserablen Zustand der Hygiene ganz abgesehen.

Ab 1585 stieg europaweit der Getreidepreis kontinuierlich und verzehnfachte sich innerhalb von vier Jahrzehnten. Diesen Trend verschärfte noch ab 1618 der Dreißigjährige Krieg. Das drückte annähernd ein Drittel der Mitteleuropäer an das Existenzminimum oder darunter. So erwirtschaftete ein städtischer Handwerker um 1565 noch ungefähr 150 Prozent (!) des Bedarfs einer vierköpfigen Familie, 40 Jahre später aber nur mehr 75 Prozent. Obendrein wütete damals die Pest wie niemals zuvor.

Nicht allein Missernten und explodierende Preise für Grundnahrungsmittel lösten Teuerungen aus, sondern auch die Kosten der Kriege. Die Obrigkeit erhöhte den Steuerdruck und praktizierte regelmäßig den „Münzverruf": Sie setzte Münzen außer Kurs und gab neue gegen „Aufgeld" aus.

Diese simple Form der Abwertung mündete naturgemäß in Inflationen und stieß das ohnehin bettelarme Volk tiefer in das Elend. Verheerend wirkte sich diese Praxis während des Dreißigjährigen Krieges aus, der Österreich zwar nur gelegentlich in seinen Strudel zog, aber massive Zuschüsse für die „katholischen" Truppen andrenorts im Deutschen Reich erforderte. Hinzu kamen die horrenden Kosten der permanenten Aufrüstung gegen die Einfälle der Türken. Alles zusammen führte 1623 zum Staatsbankrott. Rein statistisch verlor somit die Bevölkerung, die ohnehin nicht viel mehr als die schäbige Kleidung am Leib besaß, an die 90 Prozent ihres Barbesitzes.

Als Verstärker der nur selten von „billigen" Jahren unterbrochenen allgemeinen Krise wirkte noch das Erlöschen des einst lukrativen Bergbaus auf Silber in Tirol und auf Gold in den Hohen Tauern, der im Rekordjahr 1556 an die zehn Prozent zur damals bekannten Welt-Goldproduktion beisteuerte. Die Erträge aus dem Salzbergbau in Hall/Tirol, Hallein und im Salzkammergut fingen diese Rückschläge bei Weitem nicht auf. Zu allem Überfluss sackte auch noch die steirische Eisenproduktion mangels Nachfrage massiv ab. Das brachte Tausende Familien an den Bettelstab.

Am Ende des Dreißigjährigen Krieges stöhnte Österreich unter allgemeiner Erschöpfung – vor allem die ländliche Bevölkerung. Der wortgewaltige Prediger Abraham a Sancta Clara beschrieb diese Verelendung in einem drastischen Bild: „Die Bauern reiten die Rosse, Hauptleute reiten die Bauern, Herrschaften reiten die Hauptleute, kommt der Teufel, dann reitet er sie alle miteinander."

Als Folge des Dreißigjährigen Krieges überschwemmte das Strandgut des Elends Österreich noch jahrzehntelang: Zehntausende Bettler, Heimatlose und entlassene Soldaten irrten – häufig mit ihren Familien – ziel- und hoffnungslos durch die Lande. Sie lebten von Diebstahl oder erfeilschten vom ohnehin ausgepowerten Landvolk Almosen mit Betrug, Gaukeleien, durch

Drohungen mit Schadenzauberei oder Mitleidstechniken, die ebenfalls Abraham a Sancta Clara beschrieb: Sie simulierten Aussatz, indem sie Bohnenmehl, gedörrte Wurzeln von Sauerampfer und den Absud von gesottenen Ochsenfüßen zu einem Teig verrührten und auf die Haut strichen. Frauen machten sich mit Füllmaterial „bauchat", um eine Schwangerschaft vorzutäuschen. Mit anderen Worten: Die sozialen Unterschichten verelendeten, sie wurden wegen aggressiver Bettelei und ohnedies latenter Scheu vor Fremden ausgegrenzt und stigmatisiert.

Angesichts solcher Krisen, die sich wechselweise beeinflussten und sich dadurch in ihrer Wirkung noch verschärften, florierte die Dämonenliteratur. Sie lieferte der individuellen Schadenzauberei den theoretischen Überbau, um Unerklärliches zu erklären: eine Verschwörung der Hexen und Teufel zur Zerstörung der christlichen Welt. Individuell erlittene Hexerei betraf lediglich einzelne Personen, eine Verschwörung zielte hingegen auf die ganze Gesellschaft. Da mochte dem einfachen, abergläubischen Volk der Teufelspakt egal sein; Hauptsache, die Obrigkeit liquidierte jene Hexen, die die eigene Existenz mit Hagelschlag, Milchzauber, Viehseuchen, „bösem Blick" oder Fehlgeburten bedrohten. Warum sonst kauften Bauern in der Oststeiermark heimlich zauberische „Wetterbanner" und versteckten sie vor den Häschern der Obrigkeit? Der theoretische Überbau des Hexenwahns wirkte etwa in Form von Predigten als psychologische Massen-Mobilisierung: Wenn die Obrigkeit schon zum totalen Krieg gegen ein Phantom blies, dann befreite sie auch den Einzelnen von der Furcht vor Schadenzauberei und den Kosten für einen „Wetterbanner".

In Deutschland erreichte der von Krisen angefachte Hexenwahn um 1630 seinen mörderischen Höhepunkt, und zwar ausgerechnet in jenen der rund 3000 autonomen Territorien des „Heiligen Römischen Reiches Deutscher Nation", in denen Bischöfe die politische und geistliche Macht innehatten, also die weltliche Jurisdiktion und die theologische Deutung: 300 Opfer in Trier, 600 in Bamberg, 900 in Würzburg und an die 3000 in der Kirchenprovinz Köln. In Österreich erlangte der Hexenwahn erst mit etwa 30 Jahren Verzögerung seine Hochblüte, dauerte aber fast ein halbes Jahrhundert an und erreichte seinen Rekord zwischen 1675 und 1689 im geistlichen Fürstentum Salzburg.

Gott lässt den Teufel von der Leine

Druck von unten zwang die Obrigkeit zum Durchgreifen und die Theologie dazu, dafür einen ideologischen Überbau zu konstruieren: die Lehre von den Dämonen (Dämonologie), die es darauf abgesehen haben, das christliche Abendland zu vernichten. „Das Wissen darum, dass es Unerforschliches gibt, ist Kern aller Religiosität und Wissenschaft." Dieser Satz Albert Einsteins rät abermals dringend dazu, die Entwicklung der Dämonenlehre daran zu messen, was die Menschen, die Verfasser der Evangelien und die Kirchenlehrer wissen konnten, was also noch unerforscht war – einerlei, wie absurd uns der Umgang mit dem Unerforschten je und je vorkommen mag.

Die Dämonologie war eine anerkannte Wissenschaft und bis herauf zur Aufklärung nach dem jeweiligen Stand des „Universalwissens" durchaus nicht nur ein Irrweg von Psychopathen. Sie war in sich logisch geschlossen, im Ansatz aber rational nie zu beweisen und deshalb auch nach ihren Kriterien nicht zu widerlegen. Das leisteten erst die Naturwissenschaften. Vor allem aber stützte sich die Dämonologie auf jene Erfahrungen, die sie aus dem Exorzismus und den erfolterten Geständnissen bezog.

Einsteins Wort erläutert auch, warum alle Religionen den Gegensatz Gut-Böse kennen. Insbesondere die drei Weltreligionen – Judentum, Christentum, Islam – anerkennen die Existenz des Teufels als Prinzip des Bösen. Denn gäbe es ihn und seine

Verführungskünste nicht, dann bestünde auch keine Willensfreiheit, sich zwischen Gut und Böse zu entscheiden. Als Gegenspieler Gottes mutiert der Teufel somit auch zu einem Gottesbeweis. Aus der Sicht eines Zynikers: Man braucht den Teufel, damit die Existenz Gottes nicht zu leugnen ist.

Die Hebräer des Alten Testaments nannten den Teufel „Widersacher" Gottes, in dessen Allmacht es aber liege, den Teufel in Schach zu halten oder ihn als „Zulassung" toben zu lassen. Klassisches Beispiel dafür ist der Dulder Hiob. Gott gestattete dem Höllenfürsten, den Glauben dieses ungemein reichen und gottesfürchtigen Mannes durch fürchterliche Schicksalsschläge zu prüfen. Aber Hiob wurde an Gott nicht irre. Dieses biblische Beispiel stempelt den Teufel zur Ursache physischer Übel und mit dem Sündenfall im Paradies zum moralischen Verführer. Das sollte schwerwiegende Folgen für die Hexenhysterie zeitigen.

Im Neuen Testament kommt der Teufel mehrfach vor. Jesus nennt ihn „Vater der Lüge" und beschreibt seine Rolle in einem berühmten Beispiel: Er sät Unkraut, das aber ausgerissen und in das Feuer (der Hölle) geworfen wird. Beim Letzten Abendmahl am Tag vor Jesu Leidensweg „ergriff der Satan Besitz von Judas Iskariot", damit er die Häscher für Geld berate, unter welchem Vorwand sie Jesus festnehmen könnten, ohne dass das Volk es merkt. Jesus wusste von Judas' Vorhaben und versetzte seinen um die Tafel versammelten Jüngern einen Schock: „Einer von euch ist ein Teufel."

In der theologischen Theorie vom Wirken des Teufels spielt ein Beispiel aus dem Neuen Testament eine herausragende Rolle. Jesus heilte einen Besessenen, der stumm und blind war. Daraufhin warfen die Pharisäer Jesus vor, er treibe Teufel mit Hilfe ihres Anführers Beelzebub aus. Jesus entgegnete: Triebe man Teufel mit Teufeln aus, dann läge der Satan mit sich im Streit und sein Reich ginge unter.

Eindrucksvoll ist auch der Bericht über einen Aussätzigen, der vor Jesus zu Boden fiel und flehte: „Wenn du willst, dann kannst du mich rein machen." Jesus antwortete: „Dein Glaube hat dir geholfen, sei rein, zeige dich jetzt den Pharisäern." Sie bestätigten dieses Wunder und öffneten diesem Mann die Rückkehr in die Gemeinschaft. Der ansteckende Aussatz bedeutete nämlich für den Erkrankten die soziale Ausgrenzung.

Somit leuchtet es ein, dass diese Heilung des ekelerregenden Aussatzes später die Kirchenlehrer in ihrer Ansicht bestärkte, dass Krankheit „unrein" mache und womöglich eine göttliche Strafe sei. Auch galten unerklärliche Gebrechen wie Epilepsie, geistige oder körperliche Behinderung, Buckel oder Lähmungen als Hinweise auf Besessenheit, das heißt, von Dämonen verursacht. Als Heilung bot sich deshalb der Exorzismus an, ein Ritual aus Gebeten, Besprengen mit Weihwasser, Handauflegen und Salbungen. Der Exorzist rief auf diese Weise den Beistand Gottes an, um den Teufel zum Rückzug zu zwingen.

Der Kampf gegen Besessenheit erreichte zur Legitimation der Hexenjagd einen erschütternden Auswuchs: Besetzt der Teufel eine Hexe als „Medium" für Schadenzauber, dann macht das Gericht dem Teufel den Prozess, damit er die besetzte Seele freigebe. Das „Medium" muss allerdings den Feuertod sterben, damit es der ewigen Seligkeit teilhaftig werde und alles Teuflische zu Asche verbrenne.

Die Einschätzung der Besessenheit teilte auch der große Kirchenlehrer Augustinus (354–430). Er hielt Sex zwischen Dämonen und Menschen für möglich, daher könnten die Geistwesen Dämonen einen Körper annehmen und als Gewürm in den Menschen eindringen und über Besessenheit zu Wahnsinn führen – etwa zu Epilepsie. Folglich hafte an einem Taubstummen ein „Fehler, der den Glauben behindert".

Der Hexenglaube stieß auch auf erheblichen Widerstand. So definierte beispielsweise 785 die Synode von Paderborn: „Wer vom Teufel verblendet nach Art der Heiden glaubt, es sei jemand eine Hexe, und diese Person deshalb verbrennt, der soll mit dem Tod bestraft werden." Der „Canon Episcopi", ein Kodex des Kirchenrechts aus dem 10. Jahrhundert, qualifizierte die Idee von Orgien der Hexen mit dem Teufel als „falsch". Wer diesen Irrtum für wahr hält, „wendet sich vom wahren Glauben ab und kehrt zu den Irrtümern der Heiden zurück. Er glaubt nämlich, dass es eine andere göttliche Macht gibt als jene Gottes."

Den Schwenk in Richtung Hexenhysterie leitete 1222 der bedeutende Zisterziensermönch Caesarius ein. Beispiele und Berichte über das Wirken des Teufels fasste er als Belege dafür zusammen, dass der Teufel mit seinen Dämonen überall im Leben der Menschen wirke und seinen Kontakt mit Menschen vor allem zur Unzucht missbrauche. Mit Frauen geschehe das im Schlafgemach, ohne dass der nebenan träumende Ehemann davon etwas merkt. Man schütze sich dagegen mit geweihten Amuletten, dem Kreuz, mit Weihwasser und Gebet.

Thomas von Aquin (1225–1274), der bedeutendste Kirchenlehrer des Mittelalters, baute die Dämonenlehre des Augustinus aus und erklärte: Den Glauben an Dämonen und Hexen als Illusion hinzustellen, sei ein Irrtum, weil es ein Reich des Teufels gebe und der Teufel durch Gottes Zulassung den Menschen auf jede mögliche Art schade; er kann die Fruchtbarkeit der Ehe verhindern oder das Wetter beeinflussen. Nach Thomas setzt sogar die kleinste abergläubische Handlung einen Teufelspakt voraus, selbst wenn Abergläubische das nicht wissen. Das sei dann ein „stillschweigender Pakt", der dann als „pactum tacitum" noch verheerende Geschichte machen sollte.

Für Theologen stand demnach fest: Wenn Gott seine Macht an die Engel delegiert, damit sie Gutes tun, dann können Dämonen im Auftrag des Teufels und durch Zulassung Gottes Übeltaten wie Schadenzauber vollbringen. Das aber setzt einen Pakt zwischen Menschen und dem Teufel voraus – also den Abfall vom richtigen Glauben.

Steigerung: Häretiker, Ketzer, Hexen

Jesus sprach zu Petrus: „Du bist Petrus (aramäisch Kephas = Fels), auf diesen Felsen will ich meine Kirche bauen, und die Mächte der Unterwelt werden sie nicht überwältigen" (Mt. 16,18). Seinen Jüngern gab er den Auftrag: „Mir ist alle Gewalt gegeben im Himmel und auf der Erde. Darum geht zu allen Völkern, tauft und lehrt sie, alles zu befolgen, was ich euch geboten habe" (Mt. 28,19). Von diesen Sätzen aus dem Neuen Testament leitet die römische Kirche ihre Verantwortung und ihre Deutungsmacht für die Frohe Botschaft Jesu ab. Aber schon während der Christenverfolgung machten „Irrlehren" den Päpsten zu schaffen. Diese „Häretiker" bedrohten die Einheit der Kirche.

Als Kaiser Konstantin 324 das Christentum zur römischen Staatsreligion erklärt hatte, änderte sich die politische Szene nachhaltig. Eine Proklamation Papst Leos des Großen von 445 belegt die gestärkte Selbstsicherheit der Kirche: „Nachdem der Vorrang des Apostolischen Stuhles gefestigt ist, versuche niemand, sich unrechtmäßig etwas herauszunehmen, was dem Apostolischen Stuhl abträglich wäre. Erst wenn die Gesamtheit den Papst als ihren Herrn und Meister anerkennt, wird überall in den Kirchen der Friede gesichert sein." Ihn sicherten schließlich die politische Rückendeckung des Kaisers und der theologische Flankenschutz, den die erste Generation der großen Kirchenlehrer wie Augustinus, Ambrosius, Hieronymus oder Chrysostomus im fünften Jahrhundert der uneingeschränkten Deutungsmacht des Papstes leisteten. Die Häretiker versanken in der Geschichte, Rom bestimmte fortan bis zur Säkularisierung vor gut 200 Jahren nach den Normen der Bibel alle gesellschaftlichen Regeln.

Den ersten Höhepunkt ihrer stetig wachsenden weltlichen Macht erreichten die Päpste im Jahr 800 mit der Kaiserkrönung Karls des Großen in Rom und der Gründung des „Heiligen Römischen Reiches Deutscher Nation". Somit stand der Papst als moralische Macht noch über allen weltlichen Herrschern, denen die Kirche das Gottesgnadentum zusprach – die Legitimation ihrer Autorität.

Mit politischem Geschick und auch gefälschten Dokumenten verschafften sich die Päpste Privilegien, Güter und außerordentliche Macht und überstanden so im Jahr 1075 eine kritische Kraftprobe mit Kaiser Heinrich IV. um das Recht, Bischöfe einzusetzen – den Investiturstreit. Rom bedrohte mit dem Kirchenbann „jede weltliche Macht, die sich anmaßt, die Investitur eines Bistums oder irgendeiner anderen kirchlichen Würde zu erteilen oder sie annimmt". Heinrich gab klein bei und unterwarf sich 1077 in Canossa bußfertig dem Papst.

Zwischen 1122 und 1215 erklärten Konzilien den Papst zum Stellvertreter Gottes auf Erden und zum Vater aller Christen. Den weiteren Kurs der Päpste und Kaiser bestimmte das Bestreben, die Einheit des (geistlichen) Christentums und des (weltlichen) Reiches zu sichern. Beides gefährdeten allerdings ab Mitte des 12. Jahrhunderts die Katharer (daher „Ketzer") in Savoyen, die Albigenser (benannt nach ihrem südfranzösischen Zentrum in Albi) und die Waldenser (Anhänger des „Ketzers" Jakob Waldes aus Lyon).

Der Name „Katharer" („die Reinen") war zugleich Programm: „Reinheit" von der moralischen Auszehrung der Kirche vom Papst abwärts bis zu den ungebildeten Dorfpfarrern. „Reinheit" von anstößigem Lebenswandel mit Konkubinen und illegitimen Kindern, von Geldgier und von aufwendigem Lebensstil; „Reinheit" von der Profanierung der päpstlichen Politik durch (keineswegs nur in der Kirche üblichen) Handel mit Ämtern (Simonie) und Nepotismus, der den Söhnen und Günstlingen der hohen Geistlichkeit durch Bestechung oder Intrigen Reichtümer und Fürstentümer zuschanzte.

„Die Reinen" forderten und lebten glaubwürdig das frühchristliche Ideal der Armut. Sie strebten nach größtmöglicher

Vervollkommnung durch ein bescheidenes und gottesfürchtiges Leben gemäß dem Evangelium. Sie verbannten sogar die Sexualität aus ihrem geistigen Reich und „überholten" damit überdies noch die Skepsis der Kirche gegenüber Sex und Frauen. Aber: Als strenge Sekten bezweifelten sie weder die Deutungsmacht des Papstes noch waren sie Kirchenspalter oder politische Revolutionäre, sie predigten lediglich die gewaltlose innere Erneuerung der Kirche.

Den Ketzern unterlief allerdings in ihrem Eifer ein folgenschwerer politischer Fehler: Unter Berufung auf das biblische Armutsideal verweigerten sie den Zehnt und gefährdeten damit die materielle Basis der Kirche. Deshalb lag auch der Staatsgewalt an der Unterdrückung der Ketzer, denn eine staatliche Einheit war ohne Einheit der Kirche unvorstellbar.

Diesem Risiko beugte 1179 das 3. Laterankonzil vor. Es stimulierte die Habsucht der Mächtigen mit der Erlaubnis, dass Fürsten den Besitz von Ketzern konfiszieren dürfen – sofern überhaupt vorhanden.

Das Schicksal ereilte die Katharer, die von 1209 bis 1229 in einem regelrechten Kreuzzug ausgerottet wurden – mit dem Placet der Kirche. Das Konzil von Verona hatte nämlich schon 1183 entschieden, dass Ketzerei vom Teufel stammt und daher ausgerottet werden muss. Und weil Kirchenstrafen nicht wirkten, drohte das Konzil den Ketzern den Feuertod an, den die weltliche Macht zu vollstrecken hatte.

Kirchenintern konterte Rom die ketzerische Herausforderung mit einem „Zangenangriff". Es gründete die Bettelorden der Franziskaner und Dominikaner, die nach den Idealen der „Ketzer" in freiwilliger Armut lebten – und somit deren Kritik bestätigten. Zugleich setzte die Kirche jenes Instrument ein, das sich schon gegen die innerkirchliche Korruption bewährt hatte und nun Erfolg gegen die „Ketzersekten" verhieß: Die Inquisition als geistliches Gericht zum Aufspüren und Bestrafen von Ketzern.

Gründung und Aufgaben der Inquisition

Papst Gregor IX. leitete 1232 eine dramatische Wende ein, die mit der Verfolgung von Hexen ihre verheerende Wirkung entwickelte. Er entzog den Bischöfen die Verfolgung der Ketzer, nahm alle Kompetenzen an sich, gründete das „Heilige Offizium" und übertrug die Inquisition den Dominikanern. Ein lateinisches Wortspiel nannte diese intellektuelle Elite der Kirche „Domini canes" (= Spürhunde Gottes), die fortan als Inquisitoren im direkten Auftrag des Papstes handelten. Ihre Hauptaufgaben lauteten, in den ketzerisch verseuchten Gegenden den Glauben zu predigen, Irrende zur Umkehr zu bewegen, Untersuchungen anzustellen und die Gläubigen aufzufordern, Ketzer zu denunzieren, Urteile über Ketzer zu fällen und sie zur Exekution der weltlichen Macht zu übergeben, weil das Kirchenrecht die Blutstrafe verbot.

Hier wird das Grundmuster der Hexenverfolgung bereits ebenso deutlich wie in einer Bulle Gregors von 1233. Der Kirche waren nämlich die Riten zur Aufnahme in die straff organisierten Gemeinden der Katharer längst suspekt: Kniefall vor einem Bischof, Kuss auf die Bibel, Geisttaufe durch Handauflegung und Bruderkuss. Gregor stützte sich auf kolportierte Schauermärchen und verkehrte diesen harmlosen Vorgang zu einer Sexorgie: „Betritt ein Novize erstmals die Versammlungsräume, begegnet ihm eine Art Kröte, die er verdammenswert auf Maul und Hinterteil küsst. Dann begegnet er einem abgezehrten Mann mit schwarzen Augen. Dieser küsst den Novizen, der ihn kalt wie Eis empfindet. Nach dem Mahl werden die Kerzen gelöscht und man beginnt die schändlichsten Werke der Unzucht. Sind mehr Männer als Frauen anwesend, dann vollziehen die Männer in schändlicher Leidenschaft zueinander die (homosexuelle) Schändlichkeit. Ebenso kehren die Frauen die natürliche Ausübung in eine gegen die Natur gerichtete um."

Mit dieser Horrorgeschichte, noch dazu in Form einer Bulle, lieferte der Papst den Dämonologen das Grundmuster des Hexensabbats.

Dann ging es Schlag auf Schlag: Kaiser Friedrich II. erklärte 1224 Ketzerei zum todeswürdigen Majestätsverbrechen. Papst Gregor IX. legte 1234 die Todesstrafe für Ketzer kirchenrechtlich fest. 1252 gestattete Innozenz IV. der Inquisition den Einsatz der Folter, falls keine Beweismittel gegen Ketzer vorliegen, damit der Beklagte seine eigene Schuld gesteht und Mitschuldige verrät. Überdies sprach er den Inquisitoren ein Drittel der eingezogenen Vermögen und dem Orden ein zweites Drittel als Rücklage für weitere Prozesse zu. Urban IV. verfügte 1261, dass geistliche Inquisitoren einander die Lossprechung erteilen können, sollte jemand bis zum Brechen der Gliedmaßen oder bis zum Tod gefoltert werden.

Eine für das Wuchern des Hexenwahns folgenschwere Entscheidung fällte schließlich Papst Alexander IV. 1260: Inquisitoren sollen fortan auch die Hexerei verfolgen, wenn sie offensichtlich mit Ketzerei verbunden ist. Es bedurfte also nur noch der theologischen Definition, dass Hexerei ein Bündnis mit dem Teufel voraussetzt – also den bewussten Abfall vom rechten Glauben –, um den Krieg gegen einen imaginären Gegner zu entfesseln. Diese Lücke füllte 1398 die hoch angesehene theologische Fakultät in Paris: Hexerei ist ohne Teufelspakt nicht möglich, also ist Schadenzauber zugleich Ketzerei und deshalb todeswürdig.

Was Wunder, dass die Kirche dem Volk die Ketzerei als die Todsünde schlechthin vorstellte. Charakteristisch dafür ist ein Fresko aus der Zeit um 1600 in der Kirche von Sagritz bei Heiligenblut. Wie damals zur Abschreckung der Gläubigen üblich, stellt es ungemein drastisch die Höllenqualen der Verdammten dar. Die Hölle von Sagritz hat noch ein abgesondertes Verlies für die Verdammtesten. Da starren Menschen aus prasselndem Höllenfeuer mit angstgeweiteten Augen durch ein Gitter, und darunter steht: „Calvin, Luther und die anderen Ketzer". Denn ihnen war tatsächlich gelungen, was „die Reinen" nicht angestrebt hatten: die Kirchenspaltung.

Wie man mafiose Strukturen aufbricht

Ohne den „Kommissar Denunziant" stünden die Sicherheitsbehörden im Kampf gegen die organisierte Kriminalität auch heute noch häufig ratlos da. Im Regelfall lassen sich kriminelle Organisationen nur von innen her aufbrechen: Ein Denunziant liefert der Polizei Beweismaterial, und die Staatsanwaltschaft leitet damit ein öffentliches Verfahren ein. Der Denunziant erkauft sich mit dieser Methode Anonymität und Schutz – nicht selten erfolglos.

Vor gut 900 Jahren stand die Kirche vor ebendiesem Problem. Im Klerus und zumal in Klöstern wucherten Korruption und Zuchtlosigkeit derart „konspirativ", dass man die Übeltäter kaum je zu fassen bekam. Die Kirche brauchte somit anonyme Denunzianten, um im eigenen Haus reinen Tisch zu machen. Das erledigte eine geheime „Untersuchung", die den zunehmend bedrohlichen Namen „Inquisition" trug.

Im hohen Mittelalter galt – wie auch heute noch bei uns – das „Akkusationsprinzip" des römischen Rechts: Ein Kläger setzt über den Staatsanwalt ein öffentliches Verfahren in Gang, in dem ein Richter die Beweismittel und Argumente des Staatsanwalts und des Verteidigers würdigt und entsprechend dem Gesetz urteilt. Fehlen dem öffentlichen Ankläger Beweise, dann kommt es auch zu keinem Prozess – schon gar nicht gegen kriminelle Vereinigungen.

Dieses Verfahren versagte gegen einen korrupten Klerus und noch mehr im Verfahren wegen des „geheimen Verbrechens" (crimen occultum) der Hexerei. Den Ausweg eröffnete also die Inquisition: Ein anonymer Denunziant informiert das Gericht und löst eine amtliche Untersuchung aus, der Staatsanwalt ist zugleich auch Richter, wirksame Verteidigung oder eine Berufung gibt es nicht, das Verfahren verläuft geheim, das Urteil wird aber zur Abschreckung öffentlich verkündet und auch vollstreckt. Der Denunziant hatte nicht einmal eine Strafe für falsche Angaben zu gewärtigen. Indizien wie „übler Leumund" und in der Spätphase des Hexenwahns sogar der „Vermutungsbeweis" reichten für Folter, damit Indizien in Fakten verwandelt werden.

Es liegt somit auf der Hand, dass Denunzianten mit der „Beschreiung" (= anonyme Anzeige) auch Rache an Nachbarn nahmen, finanzielle Schulden löschten, Konkurrenten aus dem Weg räumten oder aus Neid und Gehässigkeit handelten. Es genügte, jemanden anonym der Ketzerei oder Hexerei zu beschuldigen. Damit endeten „Beschriene" meist beim Henker.

Aber auch Inquisitoren lebten gefährlich, weil das Volk die gelebte Armut der Ketzer bewunderte und daran den Lebensstil der Kirchenfürsten bemaß. Massenhafte Hinrichtungen vor allem in Südfrankreich provozierten brachialen Widerstand. Das Volk verjagte Inquisitoren, zündete ihnen das Dach über dem Kopf an, misshandelte sie und ermordete sogar etliche, so 1242 vier von ihnen in Toulouse. In Narbonne, Albi und Parma provozierten Inquisitoren regelrechte Aufstände. 1233 lockten deutsche Adelige den hemmungslosen Inquisitor Konrad von Marburg in einen Hinterhalt und erschlugen ihn. Er hatte das Rheinland von Köln bis Straßburg in Schrecken versetzt, seine Kompetenzen weit überschritten, die Verfahrensregeln des kanonischen Rechts nach Belieben gebrochen und schließlich unter Adeligen sogar die neue Ketzersekte der „Luziferianer" entdeckt. Den Mördern geschah nichts. Vielmehr schränkte die Kirche die Inquisitoren in Deutschland auf „Ausforschen" ein.

Gleichwohl zeitigte die Inquisition in der Rechtsprechung auch objektive Fortschritte. Sie löste „Gottesurteile" als Beweismittel ab – etwa den Zweikampf oder den unversehrten Gang über glühende Kohlen. Sie führte auch genaue Protokolle ein (allerdings ohne entlastende Aussagen), damit übergeordnete Instanzen oder Gutachter sich ein Bild machen können. Das verschaffte der Kirche ein unglaublich langes Gedächtnis – und uns Einsicht in die Verhörtaktik: standardisierte Fragen im Zickzackkurs nach Personalien, Glaubenssachen oder Komplizen, um „Beschriene" zu verwirren, oder Einengen auf Ja-Nein-Antworten.

Vor diesem Hintergrund sollte man die äußerst begrenzten Methoden der Kriminalistik nicht aus dem Auge verlieren: Die Bestimmung von Fingerabdrücken erreichte erst um 1900 die erforderliche Qualität, um Zusammenhänge zwischen Täter, Tatwaffe und Opfer herzustellen. Der Österreicher Karl Lahnsteiner gewann den Nobelpreis, weil er 1901 die Blutgruppen und damit die Chance entdeckt hatte, Blutspuren einem Täter zuzuordnen. Und erst in unserer Zeit lösten DNA-Analysen unaufgeklärte Fälle – und deckten auch krasse Justizirrtümer bis hin zu Todesstrafen auf.

Wie sollte also die Justiz vor Jahrhunderten gemeine Kriminelle oder gar „imaginäre" Verbrecher wie Hexen und Zauberer ihrer Untaten überführen?

Eine kriminelle Straftat konnte das Gericht im Regelfall nur nachweisen, wenn der Täter in flagranti ertappt, von mindestens zwei Tatzeugen beobachtet wurde oder (schon erheblich schwieriger) falls Tatwaffen und Diebesgut beim Täter gefunden wurden. Wie aber wollte man Sodomie oder Brandlegung nachweisen? Da blieb nur mehr die Folter, um ein Geständnis zu erzwingen. Denn ohne diese „Königin des Beweises" gab es kein Urteil.

Den Mangel an brauchbarer Kriminalistik und einer geschulten Polizei ersetzte zumindest teilweise die hohe und zugleich äußerst fragwürdige soziale Kontrolle – noch dazu in einer höchst abergläubischen und weitestgehend analphabetischen Gesellschaft. Man kam sehr schnell „ins Gerede" – wegen abweichenden Verhaltens ebenso wie wegen körperlicher Gebrechen. Die Kirche hoffte, ihre Probleme mit der geheimen Korruption im Klerus durch die Inquisition zu lösen. Ein vergleichbares Instrument fehlte aber der weltlichen Justiz. Das bestätigt den Rang des „Leumunds" und der Folter für die Aufdeckung von Verbrechen.

Zur hohen Zeit der Hexenhysterie wurde schwere Kriminalität nach drei Kategorien sortiert und grausam bestraft: politisch-soziale Verbrechen gegen Personen oder die Gesellschaft (Mord, Diebstahl, Raub, Brandlegung, Betrug, Königsmord), sittliche Vergehen (Homosexualität, Sex mit Tieren, Ehebruch, Unzucht, Blutschande) und religiöse Delikte (Hexerei, Ketzerei und Gotteslästerung).

Hexerei und Zauberei fielen jedoch in alle drei Kategorien. Zauberte eine Hexe die Milch der Nachbarskuh in ihre Kanne oder irgendjemandem eine Krankheit an, so war das ein Individualverbrechen, Wetterzauber hingegen ein Verbrechen gegen die Gesellschaft. Töteten hexerische Hebammen ein Neugeborenes, um daraus eine Salbe für den Hexenflug herzustellen, so war das zugleich Mord und ein religiöses Delikt. Sex mit dem Teufel bildete ein sittliches und religiöses Vergehen. Doch für alle diese Verbrechen fehlten die Beweismittel – Folter ersetzte sie. Genau in diesem Punkt hakte aber die Kritik von Ärzten, Juristen und Theologen an der Gerichtspraxis ein.

Der „Hexenhammer" schlägt zu

Tirol hält einen Ehrenplatz in der Geschichte der Hexenverfolgung: Im Jahr 1485 tauchte dort der Dominikaner Heinrich Institoris als Inquisitor auf, wies die eben in Rom erwirkte päpstliche „Hexenbulle" vor und inszenierte in Innsbruck eine groß angelegte Hexenhatz. Institoris missachtete allerdings die gesetzlichen Regeln derart, dass sich zunehmend bedrohlicher Widerstand formierte und der Diözesanbischof Golser ihm eine blamable Niederlage zufügte: Er entzog ihm alle inquisitorischen Vollmachten und „riet" ihm mit Nachdruck, das Land schleunigst zu verlassen. Institoris zog ab und kompensierte seine Niederlage mit der Niederschrift des „Hexenhammers".

Institoris war beseelt von einer biblischen Allegorie, die den Teufel als Herrscher über das „Reich der Finsternis" darstellt. Der Evangelist Markus berichtet von einer offenen Drohung des Teufels an Jesus: „Legion ist mein Name, denn wir sind viele." Davon leiteten Dämonologen später die Berechnung ab, dass dem Kommando des Oberteufels ein Heer von sieben Millionen Teufeln und mehr als 72 Teufelsfürsten untersteht. Somit kommandiert der Teufel als Generalstabschef einer riesigen Armee, die zum Angriffskrieg gegen die Kirche antritt.

Gegen diese Macht rüstete die Dämonologie eine theologische Armada auf, deren Flaggschiff den Namen „Hexenhammer" trägt. Gemeinhin gilt dieser Bestseller des Hexenwahns als Kulturschande und als eines der niederträchtigsten Produkte der politischen Literatur. So berechtigt dieses Urteil auch ist, es reicht nicht aus, um den Geist dieses voluminösen Kompendiums und seiner geistlichen Autoren zu erfassen. Vor allem aber ersetzt es nicht die Analyse der Mischung aus Aberglauben, Manipulation, Lügen und Anleitung zum Rechtsbruch.

Der „Hexenhammer" erzielte seine durchschlagende Wirkung, weil er 1486 ungefähr 35 Jahre nach Gutenbergs revolutionärer Verbesserung des Buchdrucks erschien und nach der Gutenberg-Bibel (1452) zum nächsten Verkaufsschlager aufstieg. Mit 29 Auflagen binnen zwei Jahrhunderten stellte er die übrige Dämonenliteratur in den Schatten und gewann wegen seiner Anleitung für Hexenrichter auch in Österreich beträchtlichen Einfluss.

Heute teilt der „Hexenhammer" in Europa das Schicksal des Korans: Was zwischen den Buchdeckeln steht, kennt kaum jemand. Das rechtfertigt eine geraffte Darstellung und Analyse des Inhalts. Psychologische oder psychiatrische Ferndiagnosen über ein halbes Jahrtausend hinweg mögen den Autoren Heinrich Institoris und Jakob Sprenger Fanatismus, Zynismus, Sexualneurosen, Sadismus oder Frauenhass anlasten, führen aber in der Sache nicht weiter. Gleichwohl vermitteln die Lebensläufe der beiden Autoren einen Zugang zu ihrer Gedankenwelt.

Heinrich Institoris (latinisierter deutscher Familienname „Kramer"), geboren 1430 im elsässischen Schlettstadt, machte mit missionarischem Eifer im Orden der Dominikaner eine steile Karriere. Als Prior des Dominikanerklosters in Schlettstadt erhielt er das Ehrenamt eines „Generalpredigers", die Privilegien eines Magisters der Theologie und vom Ordensgeneral die Ermächtigung, als Inquisitor überall dort einzuspringen, wo ein Inquisitor fehlt. In Rom erwarb er 1475 das Doktorat der Theologie und das Vertrauen des Papstes Sixtus IV. Im Jahr darauf drohte seiner Karriere allerdings ein abruptes Ende. Er unterschlug in Augsburg Ablassgelder, worauf der Papst seine Verhaftung anordnete. Dieser bedrohlichen Lage entwand sich Institoris mit einer polemischen Streitschrift gegen einen Bischof, der gegen den Papst aufbegehrt hatte. Und eine respektlose Bemerkung über den Kaiser – damals immerhin eine gravierende Majestätsbeleidigung – ging mit einem Rüffel ab, vor Ärgerem bewahrten ihn sein geistliches Amt und seine einflussreichen Förderer.

Zielstrebigen Eifer als Inquisitor bewies Institoris, als er in Konstanz 48 Hexen auf den Scheiterhaufen brachte und ab 1480 in Ravensburg die erste große Hexenhatz auf deutschem Boden aus der Überzeugung inszenierte, dass eine vom Teufel geleitete weltweite Geheimsekte der Hexen die Christenheit gefährde.

Gegen Institoris' Vorgangsweise regte sich schon bald Widerstand – Kritiker bestritten seine juristische Kompetenz als Inquisitor und vor allem die Existenz von Hexerei. Deshalb pilgerte Institoris 1484 nach Rom, um Papst Innozenz VIII. (1484–1492) über die ausufernde Hexengefahr in Deutschland aufzuklären.

Auf dieser Reise begleitete ihn sein Ordensbruder Jakob Sprenger (1436–1495), der als Theologieprofessor und Dekan an der Universität Köln, deutscher Ordensprovinzial und Inquisitor im Rheinland über unanfechtbare Autorität unter den Dominikanern gebot. Im Vatikan genoss der fromme Sprenger zudem beträchtliches Ansehen, weil er eine Rosenkranzbruderschaft gegründet hatte, weshalb er noch zwei Jahrhunderte lang als „Seliger Sprenger" verehrt wurde. Er hat Institoris' Karriere nachhaltig gefördert.

In Rom schilderten die beiden Dominikaner nun dem Papst den bedrohlichen Vormarsch der Hexerei in Deutschland. Sie überredeten ihn zur berüchtigten Hexenbulle, die beide ausdrücklich ermächtigte, als Inquisitoren mit dem deutschen Hexenspuk gründlich aufzuräumen. Dabei ist zu berücksichtigen, dass Innozenz keine andere Informationsquelle über die Lage in Deutschland zu Gebote stand als die Klagen der beiden Dominikaner.

Die berüchtigte „Hexenbulle"

Der sichtlich alarmierte Papst Innozenz VIII. verfasste nun 1484 die „Hexenbulle" und leitete sie mit dem Hinweis auf seine Pflicht ein, den katholischen Glauben zu fördern und die Bosheit der Ketzer auszurotten. Dann kommt er zur Sache: „Mit großer Betrübnis haben wir gehört, dass in den Erzdiözesen Mainz, Köln, Trier, Salzburg und in anderen deutschen Diözesen sehr viele Personen beiderlei Geschlechts vom Glauben abgefallen sind und ihre eigene Seligkeit vergessend sich mit Teufeln vermischt haben (= sexuell verkehrten)." Dieser Auftakt ist doppelt bemerkenswert: Einmal misst der Papst dem Sex mit dem Teufel Vorrang vor dem Schadenzauber zu und bietet damit dem „Hexenhammer" ein Leitmotiv. Zweitens urteilt er ausschließlich nach den Berichten Institoris' und Sprengers, die von ihm die Vollmacht wünschten, gegen Ketzer und Hexen mit aller Härte vorzugehen.

Erst dann führt Innozenz die zauberischen Verbrechen der Hexen an: Sie fügen Menschen und Tieren großes Unheil zu, zaubern ihnen Krankheiten an, verderben Ernten und Weinstöcke, töten Ungeborene und unterbinden die „ehelichen Werke" zwischen Mann und Frau. Mit alledem verleugnen sie den durch die Taufe empfangenen Glauben und beleidigen die göttliche Majestät. In Deutschland bestehe ein geheimes Reich des Teufels, das zu vernichten sei. Daher müssten Klerus und Gläubige noch durch Predigten aufgeklärt werden.

Das sind auch die thematischen Vorgaben des „Hexenhammers". Gleichwohl fehlen jene Begriffe, die später die Kernstücke im „Hexenhammer" bilden: Folter, Scheiterhaufen, Hexenflug und Hexensabbat.

Die Bedeutung der Bulle liegt nicht im üblichen Katalog der Hexerei, sondern in der Vollmacht für „meine geliebten Söhne" Institoris und Sprenger, „alle Personen ohne Rücksicht auf Stand und Rang" der Inquisition zu unterziehen und jene, „die sie schuldig finden, zurechtzuweisen, zu verhaften und an Leib und Vermögen zu bestrafen". Dabei dürfen sie „von niemandem beeinträchtigt oder behindert werden". Dieser Auftrag gilt überdies „ungeachtet aller früheren oder entgegengesetzten apostolischen Rechtsbestimmungen und Verordnungen". Das unterstreicht die Bedeutung der Bulle.

Innozenz verpflichtet die Bischöfe, „die Inquisitoren auf jede Weise zu schützen und zu unterstützen und die Gegner der Hexenverfolgung mit Amtsenthebung, Kirchenbann und Ausschluss zu belegen und nötigenfalls auch den Arm der weltlichen Justiz gegen sie anzurufen". Zum Schluss warnt er: „Niemandem wird es erlaubt sein, diese Bulle zu entkräften oder sich ihr in verwegener Tollkühnheit entgegenzustellen. Sollte sich jemand dessen erkühnen, so wisse er, dass er den Unwillen des allmächtigen Gottes auf sich ziehen wird."

Folgerichtig schreiben die Inquisitoren in der Einleitung des „Hexenhammers", dass „zu Ehren der höchsten Dreifaltigkeit" die Umsetzung dieses Werkes der weltlichen Macht obliege. „Ihr kommt das strengste Gericht zu, weil sie von Gott zur Rache an den Bösen und zum Ruhm der Guten eingesetzt sind."

Die „Hexenbulle" ist weder ein Dogma noch eine Lehrentscheidung oder der Auslöser der Hexenhatz. Sie ermächtigt aber die beiden Dominikaner unzweideutig, diese Hatz auszudehnen und zu verschärfen.

Im Übrigen huldigte Innozenz VIII. dem damals üblichen Lebensstil, den die Ketzer heftig kritisiert und deshalb sich die Verfolgung durch die Inquisition zugezogen hatten. Innozenz trat erst als Witwer in den geistlichen Stand, stattete einen seiner unehelichen Söhne mit reichen Gütern aus und verheiratete ihn mit Maddalena aus dem mächtigen Geschlecht der Medici. Im Gegenzug ernannte er Maddalenas 14-jährigen außerehelichen Bruder Giovanni zum Kardinal, der dann 1513 als Leo X. den päpstlichen Thron bestieg. In das Bild jener Zeit passt auch eine Sonderfall an Aberglauben: Bei Grabungsarbeiten in Rom stieß man auf einem antiken Begräbnisplatz an der Via Appia auf eine einbalsamierte Frauenleiche in einem versiegelten Sarg. Die Tote sah so aus, „als ob sie noch lebte". Innozenz hielt sie für eine Hexe und ließ sie in ungeweihter Erde verscharren.

Demütigende Schlappe in Innsbruck

Auf dem Rückweg von Rom spielte Institoris im Sommer 1485 seine päpstliche Vollmacht in Tirol aus – und erlitt eine blamable Niederlage. In Brixen legte er Bischof Georg Golser, einem Salzburger aus Werfen, und dem Domkapitel die Hexenbulle des Papstes vor. Golser leitete daraufhin dem Klerus der Tiroler Diözese die Bulle mit der Anweisung weiter, den Inquisitor zu unterstützen. Dann reiste Institoris nach Innsbruck und gewann die Unterstützung des überaus abergläubischen Erzherzogs Sigmund zur Eröffnung von Verfahren gegen Hexen. Binnen zwei Wochen griff er durch Denunziationen an die 50 Verdächtige auf – bis auf zwei Männer durchwegs Frauen. Schließlich erhob er Anklage gegen sieben Frauen wegen Ehebruchs, Liebes- und Schadenzauber und Mordes, nicht aber wegen der klassischen Hexendelikte Teufelspakt, Sex mit dem Teufel, Hexenflug oder Hexensabbat – den Kernaufgaben der Inquisitoren. Er kümmerte sich weder um die herzoglichen Räte noch um den bischöflichen Beobachter und führte die Verhöre nach seinem Gutdünken. Deshalb forderte Bischof Golser den Erzherzog Sigmund auf, die Vorgangsweise des Inquisitors zu kontrollieren. Anlass dazu bot beispielsweise der Einspruch eines bischöflichen Kommissars gegen eine Zwischenfrage Institoris' zu sexuellen Intimitäten als nicht sachbezogen.

Diese Kontrolle zeitigte Ende Oktober vor der angesetzten Urteilsverkündung gegen die sieben angeklagten Frauen einen beispiellosen Knalleffekt: Ein von Sigmund bestellter Gerichtshof überprüfte das Verfahren, in dem der bayerische Kirchenrechtler und Arzt Johannes Merwais als Verteidiger der Angeklagten auf Freispruch plädierte: Der Prozess sei gesetzeswidrig und nichtig, zumal Institoris die Anweisungen der Bulle missachtet und seine Kompetenzen überschritten habe. Deshalb sei Institoris zu verhaften. Der Gerichtshof ordnete die Freilassung der Frauen an, und Sigmund bezahlte die Prozesskosten. Bischof Golser erklärte daraufhin die Vollmachten Institoris' für erloschen und forderte ihn auf, Tirol zu verlassen.

Statt dem Bischof zu gehorchen, sammelte Institoris unbeirrt Material für einen weiteren Prozess. Golser reagierte in einem amtlichen Schreiben mit der Feststellung, dass Institoris bei seiner Vorstellung in Brixen durchaus vernünftig argumentiert habe, nun aber „wegen Altersschwäche (er war damals 55 Jahre alt, Anm.) ganz kindisch geworden ist. Was er tat, ist unanständig, denn er unterstellte Vieles, was nicht erwiesen war." Deshalb „soll er in sein Kloster zurückkehren und dort bleiben. Ich lasse es nicht (zu einem neuen Prozess) kommen". Außerdem könne er für die persönliche Sicherheit des Inquisitors nicht mehr bürgen – ein klarer Hinweis darauf, dass Institoris mit Racheakten der Angehörigen jener Frauen rechnen müsse, denen er den Prozess gemacht hatte. So endete der in Tirol einzige nach Kirchenrecht geführte Prozess mit einem Fiasko. Institoris verließ im Februar 1486 das Land und verfasste binnen einem halben Jahr den „Hexenhammer".

Darin mogelte er entgegen dem göttlichen Wahrheitsgebot seine Niederlage in Innsbruck zu einem vollen Erfolg um: Golser habe ihn unterstützt (allerdings nur anfangs aus Gehorsam gegenüber der päpstlichen Bulle). Institoris verschwieg aber, dass ihn der Bischof des Landes verwiesen hatte; er rückte den Teufelspakt in den Mittelpunkt, obschon er in den Protokollen nicht aufscheint; er lobte Sigmund als Fürsten, der als „hervorragender Glaubenseiferer zur Ausrottung (der Hexen) unter Beihilfe des hochwürdigen Bischofs von Brixen tatkräftig gearbeitet hat", wiewohl in Innsbruck Hexen weder gefunden noch gar ausgerottet worden waren; trotzdem bekräftigte er seinen Erfolg noch mit dem kryptischen Hinweis, „es wäre geradezu ein Buch zu verfassen, wollte ich die einzelnen Fälle berichten, die allein in jener Stadt (Innsbruck) gefunden wurden." Dass ein Gericht seinen Prozess in Innsbruck für gesetzeswidrig erklärt und deshalb annulliert hatte, unterschlug er ebenfalls.

Schauermärchen „beweisen" Hexerei

„Hexenkünste können in gewisser Hinsicht Wunder genannt werden, sofern eine uns unbekannte Ursache außerhalb der Ordnung der uns bekannten Natur wirkt und sofern sie die menschliche Erkenntnisfähigkeit übersteigen." Mit dieser Feststellung setzen sich Institoris und Sprenger unter Erfolgszwang: Sie müssen im „Hexenhammer" den Zusammenhang zwischen solchen Wundern – dem „geheimen Verbrechen" – und den Täterinnen nachweisen. Das soll der erste Teil des „Hexenhammers" schaffen, nämlich den Beweis für die unleugbare Realität der Hexerei. Dabei argumentieren die Autoren mit der „Zulassung durch Gott", der nun tatsächlich den Teufel als „Deus ex Machina" auf die Bühne schickt.

Sachlich bringt der „Hexenhammer" zum Thema Hexerei und Teufel weder Neues noch Originelles. Er fasst allerdings die bestehende Hexen- und Dämonenliteratur und alle einschlägigen Quellen seit dem Propheten Moses akribisch zu einem beispiellosen Kompendium zusammen.

Die Autoren übernehmen aus der „Hexenbulle" des Papstes Innozenz VIII. die Beispiele für Hexerei und fügen die vom Papst nicht erwähnten Teufeleien hinzu: Der Teufelspakt befähigt Hexen und Zauberer, die christliche Welt schwer zu schädigen, das männliche Glied wegzuzaubern, Unfruchtbarkeit oder Fehlgeburten zu verursachen, Naturkatastrophen auszulösen, Menschen und Tiere durch den „bösen Blick" krank zu zaubern oder zu töten, die Zukunft vorherzusagen, den Geist von Richtern zu verwirren, sich unsichtbar zu machen oder in Tiere zu verwandeln und durch die Luft zu fliegen. Dies gelingt mit Hilfe von Zaubersalben, die Hexen – und speziell die „Hexenhebammen" – durch Verkochen von Neugeborenen oder abgetriebenen Föten gewinnen. Sie können „alles das ausführen, falls Gottes Gerechtigkeit derlei zulässt". Von Ketzerei unterscheidet sich die Hexerei durch den freiwilligen und ausdrücklichen Pakt mit dem Teufel und die Absicht, Schaden anzurichten. Unter Dutzenden Belegen für wundergleiche Hexenkünste führt der „Hexenhammer" verschiedene Fallbeispiele an, darunter:

Einer der beiden Inquisitoren besuchte einen von der Pest verödeten Ort. Dort hielt sich das Gerücht, dass eine Tote im Grab ihr Leichentuch verschlinge und die Pest erst aufhöre, sobald sie es ganz verschlungen hat. „Als eine Abordnung das Grab öffnete, fand sie den Leichnam und das halb verzehrte Leichentuch. Einer zog in der Erregung das Schwert, schlug der Leiche den Kopf ab, warf ihn aus der Grube, worauf die Pest plötzlich aufhörte."

Der Teufel unterschiebt Eltern andere Kinder anstelle der eigenen. „Diese erkennt man daran, dass sie mager und schwer sind, nicht wachsen und immer heulen, weil nicht einmal vier Frauen sie ausreichend stillen können."

Es gibt sehr wohl Methoden, um Hexen zu enttarnen: „Man schmiert die Stiefel junger Männer ein. Wenn diese die Kirche betreten, können Hexen die Kirche nicht verlassen und werden so aufgefunden."

Für den Hexenflug verkochen Hexen kleine Kinder zu Salbe. Damit bestreichen sie gemäß der „Anleitung des Teufels ein Stück Holz und erheben sich daraufhin sofort in die Luft – bei Tag wie bei Nacht und sichtbar oder unsichtbar, weil sie der Teufel in einem anderen Körper verbergen kann". Fliegt die Hexe aber nicht aus und will sie wissen, was „auf einer Hexenversammlung geschieht, dann legt sie sich im Namen aller Teufel auf die linke Seite schlafen. Dann fährt etwas wie bläulicher Dampf aus ihrem Mund, und schon sieht sie, was auf dem Hexentreffen geschieht."

Und warum können sich Hexen nicht Reichtum herbeizaubern? „Weil sie nach dem Willen des Teufels um den allerniedrigsten Preis zu haben sind, und auch, damit sie sich mit ihrem Reichtum nicht auffällig machen."

Ein verhextes Missgeschick widerfuhr einem „erlauchten Grafen nahe Straßburg". Er heiratete eine Jungfrau, die er jedoch nach der Hochzeitsfeier „bis ins dritte Jahr fleischlich nicht erkennen konnte, weil er durch Hexerei behindert war. In seinem Leid erfuhr er von einer Frau, dass sich auf dem Grund des Brunnens in seinem Hof ein Topf mit einem Hexenmittel befinde, das ihn impotent mache. Er ließ den Brunnen ausschöpfen, fand den Topf, ließ ihn samt Inhalt verbrennen, und von Stund an konnte er seine ehelichen Pflichten erfüllen."

Selbst auf dem Scheiterhaufen verlieren Hexen nicht ihre Zauberkraft. Als nämlich irgendwo im Schwarzwald der Henker eine verurteilte Hexe für die Verbrennung fertig machte, „sagte sie zu ihm: ‚Ich werde dir eine Belohnung geben‘ und hauchte ihm ins Gesicht. Sogleich überzog schauerlicher Aussatz seinen Körper, und er überlebte die Hexe nur um wenige Tage."

Gelegentlich wagt sich der „Hexenhammer" auch auf das Gebiet der Naturwissenschaften und bezieht daraus bemerkenswerte Einsichten: „Man muss zwischen vollkommenen Kreaturen wie Mensch, Esel etc. und unvollkommenen Kreaturen wie Schlangen, Fröschen, Mäusen etc. unterscheiden. Diese sind deshalb unvollkommen, weil sie aus Fäulnis entstehen können." Oder: „Dämonen sprechen in den angenommenen Körpern mit den Hexen. Zum wahren Sprechen gehört eine Lunge zum Einziehen der Luft, die nicht nur zur Stimmbildung, sondern auch zur Kühlung des Herzens nötig ist, weshalb auch die Stummen die Atmung nötig haben."

Der „Hexenhammer" gibt sich sogar literarisch beschlagen; beispielsweise mit einem Zitat aus Homers „Odyssee" zum Beweis dafür, dass Hexen sich und andere Menschen in Tiere verwandeln können: „Die hochberüchtigte Zauberin Kirke verwandelte die Gefährten des Odysseus in Schweine." Selbst Wilhelm Tell taucht in einer bemerkenswerten Variante auf: „Bogenschützen-Hexer vollbringen schauderhafte Schandtaten, indem sie am Karsamstag ein Kreuz mit drei Pfeilen beschießen. Mit diesen Pfeilen können sie an jedem beliebigen Tag drei Menschen töten. Ein Fürst wollte sich von der Schießkunst eines dieser Bogenschützen überzeugen, indem er dessen Sohn auf das Barett ein Geldstück legte, das der hexerische Schütze herunterschießen sollte, ohne Barett oder Sohn zu beschädigen. Der Schütze legte einen Pfeil auf die Armbrust, steckte einen anderen in den Köcher und schoss dann das Geldstück vom Barett des Sohnes. Befragt, was er mit dem zweiten Pfeil habe tun wollen, sagte der Schütze: ‚Wenn mich der Teufel getäuscht und ich mein Kind getötet hätte, so hätte ich sterben müssen. Um meinen Tod zu rächen, hätte ich mit dem zweiten Pfeil Euch sofort durchbohrt.'"

Dass man Gottes Zulassung nicht für zauberische Unterhaltung missbrauchen darf, erläutert der „Hexenhammer" an einem dramatischen Beispiel: „In Salzburg lebte ein Dämonenbeschwörer, der allerdings unerlaubte zauberische Mittel einsetzte. Eines Tages wollte er als Schauspiel für die Bevölkerung alle Schlangen im Umkreis einer Meile in eine Grube besprechen (= hineinzaubern), um sie dort zu vernichten. Doch die letzte und besonders grausige Schlange weigerte sich, in die Grube zu kriechen. Vielmehr sprang sie über die Grube, umschlang den Beschwörer, riss ihn in die Grube und tötete ihn. Daraus lernt man, dass Derartiges nur durch die göttliche Kraft, mit Gottesfurcht und Ehrerbietung auszuführen ist."

Aus solchen Beweisen schließt der „Hexenhammer" zwingend: „Die größte Ketzerei ist es, die zauberischen Werke für unmöglich zu halten."

Schützt Gott wirklich die Hexenjäger?

Im zweiten Abschnitt legt der „Hexenhammer" dar, wem Hexen nicht schaden können, wie man sich gegen Hexerei schützt und wie man Besessene bzw. Behexte mit geistlichen Mitteln heilt. Immun gegen Verhexen sind alle, die im Auftrag Gottes Hexerei und Zauberei bekämpfen, darunter Henker ebenso wie Fürsten, die den Kampf gegen die Hexerei leiten. Schutz bieten jedem geweihte Amulette, Weihwasser, Gebete sowie religiöse Rituale und Bußübungen. Indessen kann Gott Behexung von Menschen auch als Strafe für Sünden zulassen.

Weil jedoch niemand weiß, was Gott zulässt, sollten Richter trotz ihres Schutzes „darauf achten, dass Hexen nicht zuerst den Blick auf ihn richten können, weil sie ihn damit zwingen, sie frei zu entlassen. Es ist also nicht abergläubisch, wenn Hexen rückwärts zum Verhör gebracht werden". Die Gefährlichkeit des Hexenblickes erläutert das Beispiel des Fabeltieres Basilisk: „Er tötet, wenn er jemanden zuerst sieht; er stirbt, wenn er zuerst gesehen wird. Der Blick des Basilisken tötet den Menschen, weil in diesem beim Anblick ein Giftstoff erregt wird, der zuerst die Augen infiziert und dann die ihn umgebende Luft. Wenn der Mensch diese Luft einatmet, wird er behext und stirbt."

Gefahr lauert schon bei der Festnahme von Hexen. Allerdings „bestätigen Berichte und Erfahrungen, dass sofort alle Hexenkunst erlahmt, sobald Hexen von Beamten der staatlichen Gerichtsbarkeit gefangen genommen werden". Trotzdem sei es ratsam, Hexen wegen ihres bösen Blicks von hinten zu fassen und zum Abtransport sogleich in einen Korb zu heben, damit sie den Kontakt zum Boden und also auch ihre Hexenkraft verlieren. Vorlage dieser Theorie ist augenscheinlich der griechische Halbgott Herkules, der den mörderischen Riesen Antaeus in die Luft hob und erwürgte. Der Verlust des Bodenkontaktes entzog dem Riesen nämlich seine Bärenkraft.

Der „Hexenhammer" schließt allerdings nicht aus, dass sogar geschützte Personen von der Tücke des Teufels überrumpelt und besessen werden. Beispiel: „Dämonen machten einen Priester besessen, indem sie in seinen Körper hineinschlüpften, seinen Kopf besetzten und darin wohnten. So verdunkelten sie seinen Intellekt, dass er den Gebrauch der Vernunft verlor."

Gegenzauber zur Heilung Behexter oder Besessener verbietet der „Hexenhammer", weil es dazu der Hilfe des Teufels bedarf. Dieses Schicksal müsse geduldig ertragen oder aber durch einen Exorzismus behoben werden. Dass Hexen dabei trotzdem hilfreich sein können, belegt dieser Sonderfall: „Eine Hexe konnte manche Leute von Behexung heilen, andere aber nicht. Das geschieht, wenn die Behexung durch eine andere Hexe stärker wirkt als die Enthexung. Dahinter steckt eine Abmachung der Hexen mit den Dämonen, damit sie den Geist der Einfältigen besser umgarnen können."

Der „Hexenhammer" berichtet auch vom theologischen Ausnahmefall, dass eine Hexe eine andere in den Tod hexte: Da reiste ein Bischof nach Rom, verliebte sich dort in eine junge verkappte Hexe und befahl zwei Dienern, diese Frau samt seinen Kleinodien in seine Diözese vorauszuschicken. Leider bemächtigte sich die habgierige Hexe dieser Reichtümer und behexte den Bischof mit einer tödlichen Krankheit. Da versprach ihm eine „alte Vettel" Heilung, wenn er in das Zauberstück einwillige, die flüchtige Hexe mit seiner Krankheit zu infizieren und zu töten. Also wandte sich der Bischof an den Papst, der den „Gegenzauber" mit dem Argument bewilligte, dass unter zwei Übeln das geringere annehmbar sei. So infizierte die „alte Vettel" die flüchtige Hexe, die daran elendiglich zugrunde ging. Just in diesem Augenblick genas der Bischof.

„Kriminal-Kodex" aus Glaubenseifer

Der dritte Teil des „Hexenhammers" legt es darauf an, die weltliche Justiz zur „Ausrottung oder wenigstens Bestrafung" zu motivieren. Dieser „Kriminal-Kodex" verknüpft die todeswürdige Ketzerei mit Hexerei und Zauberei, weil beides einen Pakt mit dem Teufel und somit den Abfall vom Glauben voraussetzt. Zwar ist Ketzerei ein rein geistliches Verbrechen, hingegen richtet Hexenketzerei irdischen Schaden an. Folglich müssen Hexen vom bürgerlichen und nicht vom geistlichen Richter bestraft werden.

Die juristische Vorgangsweise des „Hexenhammers" orientiert sich an der Inquisition. Das Verfahren wird von einem anonymen Denunzianten ausgelöst, der „aus Glaubenseifer und zum besten des Staatswesens handelt und sich nicht (gemäß dem gültigen Recht!) strafbar macht, wenn seine Beweisführung versagt. Er bietet sich dem Gericht nämlich nicht als Ankläger, sondern als Denunziant an. Was immer er dem Richter sagt, ist geheim zu halten."

Im Verhör „sind Hexen zu befragen, warum sie böse Drohungen ausgestoßen haben, was sie auf einem Feld zur Zeit eines Gewitters machten, warum sie Vieh oder Knaben berührt haben, die sich nachher schlecht befanden, und woher es komme, dass sie von einer oder zwei Kühen mehr Milch bekämen als ihre Nachbarinnen, die vier oder sechs Kühe haben."

Wenn Beschuldigte unter Folter hartnäckig schweigen, „geschieht dies durch Hilfe des Teufels. Hexen unterrichten andere, dass sie Verschwiegenheit erlangen, wenn sie einen erstgeborenen Knaben im Ofen kochen."

Gewiss ist die Inquisition ein Fortschritt weg vom so genannten „Gottesurteil" in Prozessen. Der „Hexenhammer" deutet jedoch das Gottesurteil in eine Teufelei um: „Die Wahrheitsprobe mit glühendem Eisen (das ohne Verletzung der Hände einige Schritte weit zu tragen ist, Anm.) ist verboten, weil feststeht, dass Hexen durch die Hilfe der Dämonen diese Probe ohne Verletzung bestehen. Eine vielfach denunzierte Hexe im Schwarzwald wünschte die Probe mit dem glühenden Eisen, und der (zuständige) unerfahrene Graf gestattete es. Sie bestand diese Probe mit sechs Schritten, wurde freigelassen und lebt noch dem Glauben als Ärgernis."

Andrerseits besucht der Teufel gefolterte Hexen im Gefängnis, um sie zum Selbstmord zu überreden. „Durch unsere Praxis wahr ist (sic!), dass Hexen nach dem Geständnis des Verbrechens ihr Leben durch den Strick beendigen wollen. Wegen Nachlässigkeit der Wächter fand man bisweilen erhängte Hexen. Das bewirkt in jedem Fall der Teufel, damit sie ihm anheimfallen und nicht durch Reue und Beichte Verzeihung von Gott erlangen."

Die Frau ist ein „unvollkommenes Tier"

Im „Hexenhammer" sticht besonders Verachtung für die Frauen ins Auge. Das ist aber keine Erfindung des „Hexenhammers". Sie zieht sich durch die Bibel und die Werke der Kirchenlehrer. Naturgemäß schlachtet der „Hexenhammer" das Kernstück der Genesis aus, die Vertreibung Adams und Evas aus dem Paradies. Weil nämlich der Teufel in Schlangengestalt zuerst Eva verführt hatte und diese dann den Adam, stand für das Christentum fest, dass durch die Frau die Sünde in die Welt gelangt war. Selbstverständlich kommt den Autoren auch das Gebot Gottes zupass: „Hexen sollst du nicht am Leben lassen." Weil aber Gott nicht sagte, woran man Hexen erkennt, lenkt der „Hexenhammer" auf die berühmte Stigmatisierung aller Töchter Evas im Buch Levitikus ab: „Klein ist jede Bosheit gegenüber jener der Frau."

Zum Unterschied von diesen Quellen spitzt aber der „Hexenhammer" die Verachtung der Frau auf das Argument zu, dass nur sie sich dem Teufel als „Medium" für den Angriff auf die christliche Welt anbietet, denn: „Der Dämon kann hienieden nichts ausrichten ohne die Hexen, weil er mit ihnen nicht den menschlichen Körper gemeinsam hat. So braucht er ein Werkzeug, dem er durch Berührung die schädigende Kraft einflößt." Diese Berührung geschieht vorwiegend durch Sex: „Alle Hexenkraft stammt von der Fleischeslust, die in Frauen unstillbar ist, und um diese Lust zu stillen, lassen sie sich selbst mit dem Teufel ein."

Als weibliche Hauptlaster ortet der „Hexenhammer" daher „Ungläubigkeit, Ehrgeiz und Üppigkeit". Die Frau ist auch „fleischlicher gesinnt als der Mann". Dieser Mangel stammt von der Rippe Adams, „aus der die Frau geformt wurde, deshalb ist sie ein unvollkommenes Tier." Dieses krasse Urteil fällte bereits Aristoteles. Gleichwohl baut der „Hexenhammer" jene Unvollkommenheit mit der Anspielung aus, dass die Schlange im Paradies schon psychologisch zielsicher Eva verführt hat: „Frauen sind leichtgläubig, und weil der Dämon den Glauben verderben will, macht der sich an die Frauen heran, (zumal sie) wegen der Flüssigkeit ihrer Komplexion leichter zu beeinflussen sind."

Obschon also die Frau „leichtgläubiger, neugieriger, verführbarer und rachsüchtiger als Männer und daher leichter Opfer des Teufels ist", verfügt sie über eine für Inquisitoren ärgerliche Tugend: „Sie ist mutiger im Aushalten von Folter." Andrerseits ist sie „von Natur aus lügnerisch", weshalb auch „ihre Stimme mit dem Gesang der Sirenen verglichen wird".

Die Überleitung zur Hexerei fällt wegen dieser Mängel leicht: „Schlecht ist die Frau von Natur aus, da sie schneller am Glauben zweifelt und auch schneller den Glauben ableugnet, was die Grundlage der Hexerei ist." Noch ein bemerkenswertes Detail deckt der „Hexenhammer" auf: „Durch Schadenzauber rächen die Frauen ihre Schwäche."

Allerdings widerspricht es krass einer seriösen Arbeit, alle biblischen Gehässigkeiten gegen die Frau zu sammeln und dem

Leser das biblische Lob für herausragende Frauen zu unterschlagen. Einige Beispiele bezeugen das:

So befahl Gott dem Abraham: „Höre auf alles, was dir (deine Ehefrau) Sarah sagt" (Genesis 21,12). Die Israeliten „segneten Rebekka und sagten zu ihr: Du werde Mutter von tausend mal Zehntausenden" (Genesis 24,60). „Ester gefiel allen, und der König machte sie zur Königin" (Ester 2,15). Sie hatte nämlich die Juden aus der Verfolgung durch die Perser befreit. Judith gelang es mit unglaublichem Geschick, bis in das Zelt des Unterdrückers Holofernes vorzudringen und ihm mit zwei Schwertstreichen den Kopf abzuschlagen. Deshalb vermerkt das Buch Judith: „Deine Weisheit kennt das ganze Volk schon von deiner Jugend an. Es weiß, wie edel die Gedanken deines Herzens sind" (8,29). „Du bist von Gott mehr gesegnet als alle anderen Frauen auf der Erde" (13,18). „Solange sie lebte, war sie im ganzen Land hochberühmt" (16,31).

Und wie verträgt sich die Verachtung der Frau mit der Tatsache, dass der christliche Heiligenkalender von gelehrten Frauen, Märtyrerinnen und Nothelferinnen geradezu strotzt?

Der frauenverachtende christliche Zeitgeist fiel aber nicht unversehens vom Himmel, ihn bestimmte die prominente Zeitgeistlichkeit der Kirchenlehrer.

Da schrieb Clemens von Alexandrien (150–215): „Schon das Bewusstsein vom eigenen (verführerischen) Wesen muss bei der Frau Schamgefühl hervorrufen." Der asketische Origines (185–254) sah die Frau als Gefäß der Sünde und kastrierte sich selbst, um gegen sexuelle Versuchung gefeit zu sein. Der berühmte Prediger Chrysostomus (354–407) hielt das „ganze weibliche Geschlecht für schwach und leichtsinnig, (deshalb gefährde) der Umgang mit Frauen (wegen deren) leichter Geneigtheit zur Sünde das Seelenheil". Und Augustinus (354–430) lieferte den Hexenjägern sogar ein Leitmotiv: Der Teufel machte sich im Paradies deshalb an den „minderen Teil des ersten Menschenpaares" heran, „weil er annahm, dass der Mann nicht so leichtgläubig ist". Albertus Magnus (1200–1280) spann diesen Gedanken weiter fort: „Die Frau ist zur Sittlichkeit weniger geneigt. Deshalb ist sie ein missglückter Mann (das schrieb er von Aristoteles ab: „Die Frau ist ein verstümmelter Mann."). Was sie selber nicht erhalten kann, versucht sie durch Verlogenheit und teuflische Betrügereien zu erreichen. Ihr Gefühl treibt sie zu allem Bösen, wie der Verstand den Mann zu allem Guten hinführt."

Darauf stützte Thomas von Aquin (1225–1274) seine Ansicht, dass die Frau wegen ihres „Defektes der Vernunft" den Kindern und den Geisteskranken ähnle. Wegen ihres höheren Wassergehalts und ihrer „geringeren Geisteskraft" fielen Frauen der Geschlechtslust leichter anheim als Männer. Zur Erziehung der Nachkommen bedürfe es daher unbedingt der „vollkommenen Vernunft" des Vaters. „Zur Würde des Mannes erhoben" würden Frauen allerdings, „wenn sie das Gelübde der Jungfräulichkeit ablegen und Christus mehr dienen als der Welt."

Anleitung für Rechtsbruch und Betrug

Die nüchterne Analyse des „Hexenhammers" fragt danach, ob sich die hochgebildeten Ordensmänner an die Regeln der Logik und an jene Kriterien hielten, die sie kennen mussten: das gültige Recht, die griechische Philosophie und die christlichen Gebote.

Mit einer erdrückenden Fülle von vermeintlichen Beispielen wollen Institoris und Sprenger beweisen, dass es Hexerei und Teufelspakte gibt und welcher Schaden den Menschen damit zugefügt wird. Doch wie auch bei ihren Vorgängern fehlt den zitierten Beispielen die nachvollziehbare Dokumentation: Ort, Zeitpunkt, Akteure, Zeugen und Beweismittel. Das war damals zwar üblich, kontrastiert jedoch ebenso grotesk wie verdächtig mit der präzisen Quellenangabe für Hunderte Zitate aus Bibel, den Kirchenlehrern und „heidnischen" antiken Philosophen. Dieser Widerspruch reduziert den „Hexenhammer" auf eine Sammlung von Schauergeschichten.

In ihrem „Kriminal-Kodex" raten die Autoren den Hexenrichtern, ungeniert zu lügen, zu täuschen und zu betrügen. Die Fülle von Zitaten aus der Heiligen Schrift im dritten Teil des „Hexenhammers" weist die Autoren jedoch als Bibelexperten aus. Sie mussten daher jene Bibelstellen und also die Offenbarung Gottes kennen, gegen die sie mit ihren Anweisungen an Richter massiv verstießen.

Da heißt es: „Der Richter kann zum Besten des Glaubens und des Staatswesens verklausulierte und hinterlistige Mittel anwenden, weil doch der Apostel sagt: ‚Da ich verschlagen war, habe ich sie mit List gefangen'." Diese Stelle gibt es in der Bibel nicht, also hat das auch kein anonymer Apostel gesagt. Vielmehr enthält der zweite Brief des Apostels Paulus an die Korinther das genaue Gegenteil dieses Zitats: „Eine schwere Last habe ich euch (durch meinen Besuch, Anm.) zwar nicht zugemutet; aber habe ich euch vielleicht mit Verschlagenheit und List in mein Netz gelockt?" In der Apokalypse steht allerdings, dass „jeder, der die Lüge liebt und tut", von der Erlösung ausgeschlossen bleibe, denn die Verdammnis drohe „allen Lügnern" (Offenbarung 21,8; 22,15).

Den Hexenrichtern rät der „Hexenhammer": „Beim Laster der Zauberei kann man die Rechtsordnung unbeachtet lassen und summarisch verfahren." Doch Jesus warf den Schriftgelehrten und Pharisäern vor: „Ihr Heuchler! Ihr lasst das Wichtigste im Gesetz außer Acht: Die Gerechtigkeit." Und der Prophet Isaias kündigte an, dass sich ungerechte Richter „unter Gefangenen am Boden krümmen und unter Erschlagenen liegen werden" (10,4).

Ausnehmend hinterhältig ist dieser Vorschlag: „Der Richter kann der Hexe (für ein Geständnis) das Leben zusichern. In diesem Fall kann er durch einen anderen ersetzt werden, der dann das Todesurteil verhängt." Das widerspricht dem Brief des Apostels Paulus an die Römer: „Der Zorn Gottes (...) trifft alle jene Verworfenen, (...) die voll sind von Ungerechtigkeit, Bosheit, List und Tücke. (...) Sie verdienen den Tod" (Römer 1,18–29).

Als Zeugen sind dem „Hexenhammer" alle recht: „Exkommunizierte, Meineidige, Teilhaber am Verbrechen, Infame und Verbrecher, ebenso Ehegatten, Söhne und Angehörige, Ketzer gegen Ketzer und Hexer gegen Hexer, allerdings nur mangels anderer Beweise und stets gegen (die Beschuldigten) und nicht zu ihren Gunsten." Zu dieser Passage des „Hexenhammers" heißt es bei Matthäus: „Jesus sprach zur Volksmenge: Höret und merket wohl, falsches Zeugnis macht den Menschen unrein (= sündig)" (Mt. 15,20).

Als besonders erfolgreich werten die Autoren „Verschlagenheit, wenn der Beklagte einen guten Leumund hat, der Richter aber keine Indizien. Er kann dann einer protokollierten Aussage noch gefälschte Aussagen beifügen, um den Delinquenten bzw. dessen Anwalt zu verwirren." Zwei Dominikaner entsprechen also dem „Lasterkatalog" des Apostels Paulus, worin er als „Schmähliches" unter anderem „Hinterlist und Tücke" anführt (Römer 1,29). Und Psalm 101,7 ergänzt: „Kein Lügner kann vor meinem (Gottes) Auge bestehen."

Der „Hexenhammer" warnt den Richter, in seinem Urteil festzustellen, dass der Angeklagte unschuldig oder schuldlos sei, sondern sage, „dass gesetzmäßig gegen ihn nichts bewiesen wurde. Wird er nämlich später wieder angeklagt, kann er verurteilt werden, weil dem das frühere freisprechende Urteil nicht entgegensteht." Zu diesem Verstoß gegen das Gesetz, dass niemand in der gleichen Sache zwei Mal angeklagt werden kann, heißt es im Buch Deuteronomium: „Richter sollen dem Volk Recht sprechen und gerechte Urteile fällen. Gerechtigkeit, Gerechtigkeit – ihr sollst du nachjagen, damit du das Leben hast." (16,18–20)

Mönche missachten Gottes Gebote

Selbst vor infamem Betrug schrecken zwei Priester nicht zurück, um ein Geständnis zu erschleichen: „Während der Haft gibt der Kastellan vor, dass er verreise, und die Bewachung wird (seinen) Freunden oder ehrbaren Frauen übertragen. Diese versprechen der Hexe, dass man sie laufen lasse, wenn sie diese Wächter über gewisse Experimente wie die Erregung von Hagelschlag oder Vermischung (= Sex) mit dem Teufel belehre." Tut sie das, dann ist sie vor Zeugen der Hexerei überführt. Im Buch Deuteronomium steht allerdings: „Alle Betrüger sind dem Herrn ein Gräuel." (25,16)

Die biblische Geschichte vom Dulder Hiob zwängt Institoris und Sprenger mit dieser Frage in eine Zwickmühle: „Beugt etwa Gott das Recht oder die Gerechtigkeit?" (Hiob 8,3). Sagen die Autoren Nein, dann ist ihr „Hexenhammer" Makulatur, antworten sie mit Ja, so sind sie Ketzer und verfallen nach ihren eigenen Kriterien dem Urteil des Propheten Esra: „Über jeden, der das Gesetz deines Gottes nicht befolgt, halte man streng Gericht und verurteile ihn zum Tod" (7,26).

In Summe würden also die Anweisungen der Theologen Institoris und Sprenger an die Richter, das Recht zu beugen oder zu brechen, zu lügen und zu betrügen, in einem virtuellen Prozess für einen Schuldspruch gemäß dieser biblischen Vorschrift reichen: „Du sollst dein Leben lang auf Gottes Gesetze, Rechtsvorschriften und Gebote achten" (Deuteronomium 11,1).

Fazit: Die gelehrten Theologen hätten ohne Wenn und Aber wissen müssen, dass sie mit ihren Anweisungen an Richter gegen das Gesetz Gottes verstießen.

Damit der polemische Zweck die Mittel heiligt, wagten die Autoren auch Ausflüge in die Etymologie lateinischer Begriffe. Weil sie den „Hexenhammer" auf Lateinisch schrieben, beherrschten sie diese Sprache. Allerdings reichte ihnen „maleficium" (Übeltat, Verbrechen, Zauberei) nicht als Fachausdruck für „Schadenzauber", weil er zu wenig deutlichen Bezug zum Glauben herstellt. Sie leiteten ihn deshalb von „male de fide sentire" ab: „schlecht über den Glauben denken".

Das lateinische Wort „diabolus" (Teufel) bogen sie so zurecht: Die griechische Vorsilbe „dia" bedeutet „zwei", und dem lateinischen „bolus" (Wurf, Gewinn beim Würfelspiel) unterschoben sie die Bedeutung von „morsellus" (Biss, Tod) mit der Erklärung, dass der Teufel zweierlei tötet – nämlich Leib und Seele. Der griechische „diabolos" bezeichnet allerdings jenen Dämon, der alles durcheinanderwirft und Unordnung anrichtet.

Die Deutung des Wortes „femina" (Frau) dokumentiert exemplarisch die Geringschätzung der Frau. Institoris und Sprenger trimmen „fe" auf „Glauben" und das Kunstwort „mina" einfach auf „minus" (weniger). Also bedeutet femina für sie „weniger Glaube" (als bei Männern!). Augenscheinlich störte es sie nicht, dass „fe" die spanische Übersetzung des lateinischen Wortes „fides" (= Glaube) ist, weshalb auch die Verbrennung von Ketzern in Spanien „Autodafé" hieß: „Akt des Glaubens".

Als perfekte Lateiner mussten sie es besser wissen.

Vollends verliert der „Hexenhammer" jeden Anspruch auf Seriosität durch krasse Verstöße gegen die Logik. Beispielhaft dafür ist dieser Satz: „Das Verbrechen der Verschwiegenheit unter der Folter begehen die Hexen durch die Hilfe des Teufels." Die theologisch geschulten Autoren mussten wissen, dass die christlichen Märtyrer lieber Folter und Tod ertrugen als vom Glauben abzufallen. Die Kraft dazu gab ihnen nach theologischer Lehre aber Gott. Logisch schlüssig wäre demnach genauso, dass Gott den angeklagten Hexen die Kraft des Schweigens gab, damit sie alle Folter aushalten und damit den Freispruch erlangen. Immerhin rechtfertigt der „Hexenhammer" den Freispruch nach durchlittener Folter als Beweis der Unschuld. Wer beweist dann logisch wasserdicht, ob dem Opfer der Folter Gott oder der Teufel beistand? Ohne diesen Nachweis ist der barbarische Krieg gegen Gespenster verloren, denn das „Verbrechen des Schweigens" wäre ein Sieg des Teufels. Gott kann ja ein Verbrechen nicht begünstigen.

Damit bricht das von Theologen und Juristen ausgeklügelte Gebäude der Hexenverfolgung in sich zusammen, weil sie diese Frage nicht einmal anschneiden. Dann ist nämlich Folter nur zwecklose Quälerei, die massiv gegen ein Gebot aus dem Buch Deuteronomium verstößt, das die bibelfesten Theologen Institoris und Sprenger kennen mussten: „Tue niemandem an, was du nicht willst, das man dir antue." Daraus entwickelte Immanuel Kant zweieinhalb Jahrtausende später den berühmten „kategorischen Imperativ".

Zwei theologisch hochgebildete Dominikaner sind also Schreibtischtäter, weil sie weder argumentieren noch gar beweisen, sondern publikumswirksam agitieren und hysterisieren.

Die geistigen Väter des „Hexenhammers"

Ehe der „Hexenhammer" 1486 auf den Markt kam, waren seit 1320 bereits 41 Hexentraktate erschienen, an denen der „Hexenhammer" sich reichlich bediente.

Das erste bedeutende Traktat schrieb um 1358 der spanische Dominikaner Nicolaus Eymericus (1320–1399), 44 Jahre lang päpstlicher General-Inquisitor in Aragonien und berühmtberüchtigt als „leidenschaftlich strenger Inquisitor der ketzerischen Schlechtigkeit". Sein „Directorium Inquisitorum" (Leitfaden für Inquisitoren) ist die erste systematische Anleitung für Ketzerrichter, galt durch Jahrhunderte als Standardwerk und bekam noch 1578 ein päpstliches Privileg gegen unautorisierten Nachdruck – also eine Art Copyright. Entgegen dem gültigen römischen Recht propagierte Eymericus, bei Ketzerprozessen schon auf Verdacht hin Körperstrafen und Folter anzuwenden, falls genug Indizien (und nicht Beweise!) dafür sprächen. Dazu zählte er „Indizien für Häresie". Das Verbot einer wiederholten Folter ohne neue Indizien hebelte er mit einem semantischen Umweg aus, dass Folter nicht wiederholt, sondern lediglich fortgesetzt werde (das schlachtete der „Hexenhammer" natürlich aus). Nachhaltigen Einfluss übte er aus, weil er Zauberer und Magier mit Ketzern gleichsetzte, denn sie beten allesamt den Teufel an.

Die erste Anwendung der Ketzertheorie auf Zauberer und Hexen schrieb 1435 der schwäbische Dominikaner, Theologieprofessor, Inquisitor und berühmte Prediger Johannes Nider (1380–1438), den „Formicarius" (Ameisenhaufen). Er enthält eine nahezu vollständige Darstellung des Hexenwesens wie Teufelspakt, Hexenflug, Schadenzauber, Hexensalbe oder Tierverwandlung. Nider zitierte ausgiebig die Lehre des Thomas von Aquin über den Teufelssex und behauptete, dass Teufel in Gestalt von Huren das Konzil von Konstanz unterwandert und dabei viel Geld verdient hätten. Der „Formicarius" ist eine Sammlung unglaublicher Hexengeschichten, die der Autor aus zweiter Hand von französischen Quellen und von einem Schweizer Hexenrichter bezog – allerdings ohne präzise Zitate, wie das auch der „Hexenhammer" praktizierte. Prominenz gewann Nider, weil er als erster Hexenjäger den Frauen die entscheidende Rolle in der Hexerei zuschob.

Der „Formicarius" beweist Erstaunliches: Papst Innozenz VIII. kannte ihn offensichtlich nicht, weil in seiner „Hexenbulle" Niders Schlüsselbegriffe Hexenflug und Hexensabbat nicht vorkommen – obwohl Niders Buch 49 Jahre vor der „Hexenbulle" erschienen war.

Den Abschluss der umfassenden Hexentheorie bildete 1458 die „Ketzergeißel" des nordfranzösischen Inquisitors und Dominikaners Nicolas Jacquier. Er behauptete, dass Hexen, Zauberer und Ketzer erst jüngst eine Sekte zur Zerstörung der christlichen Welt gebildet hätten. Ganz im Geist der gängigen

Hatz auf Juden nannte Jacquier die Treffen dieser Sekte „teuflische Synagoge". Dort herrsche wilde Unzucht, und der Teufel verteile alle möglichen Zaubermittel, mit denen man den Menschen auf vielfältige Weise schaden könne.

Ganz besonders knüpfte sich Jacquier die Theorien jener Theologen vor, die Hexerei bezweifelt und Hexenwerke als teuflische Trugbilder abgetan hatten: „Es ist ein feiner Trick des Teufels, dass er die Ansicht zu verbreiten sucht, als gehörten Hexenflüge nur in das Reich der Träume. Die Handlungen und Treffen der Hexensekte sind nicht Täuschungen der Fantasie, sondern reale Handlungen wacher Menschen." Behaupten Angeklagte, sie seien lediglich einem von Gott zugelassenen Trugbild des Teufels aufgesessen, dann müssten sie das beweisen. Aber gesetzt den Fall, dass Hexenflüge ein teuflisches Blendwerk sind, dann liege trotzdem Schuld vor. Sollten sich nämlich Hexen alle möglichen Dinge wie Flug, Teufelssex oder Sabbat nur einbilden, dann beschreiben sie derlei Trugbilder mit Vergnügen und bekunden den Willen, sich mit dem Teufel einzulassen. Deshalb macht das Verweilen in Trugbildern schuldig und straffällig.

Diese Beispiele entlarven die taktische Spiegelfechterei der Dämonologen: Wo immer sie Einwände vermuten, lassen sie sich Schlupflöcher offen, durch die sie sich nach der Art von Winkeladvokaten buchstäblich von hinten wieder in die „unanfechtbaren" Grundsätze der Dämonologen flüchten.

Friedrich von Spee – die Speerspitze

„Wäre ich Inquisitor, ich würde sofort gegen alle Obrigkeiten und alle Prälaten inquirieren. Mit Leichtigkeit brächte ich eine falsche Anklage zustande. Wenn sie sich verteidigen wollten, würde ich sie nicht anhören, sondern ins Gefängnis werfen und sie in ausgesuchter Weise foltern, und sie werden unter den Martern gestehen. Wer wird mich wegen schlechterer Prozessführung tadeln dürfen? Ich werde nämlich sagen: ‚Wenn ich das nicht dürfte, dann könnte ich nicht sofort einen Prozess eröffnen und verbrennen; dazu war das alles erlaubt.‘ In was für Zeiten sind wir geraten?“

Schon dieser Satz erklärt hinreichend, warum der Jesuit Friedrich von Spee (1591–1635) seine lateinische „Cautio Criminalis“ (rechtliches Bedenken wegen der Hexenprozesse) 1631 mit Wissen seiner Ordensoberen anonym veröffentlichte – die bedeutendste Attacke auf die Praxis der Hexenjäger. Und er doppelt noch schärfer nach:

„Lasst irgendein ungewöhnliches Unglück geschehen, und schon überlässt man sich weiß Gott welchem Leichtsinn, Aberglauben und Unsinn, denkt nur an Hexenwerk. Da ist es kein Wunder, wenn Verdächtigungen in der Nachbarschaft herumgeredet und das immer mehr um sich greifende Gerede uns in wenigen Jahren Hexen in so reichlicher Anzahl schafft, zumal sich noch keine Obrigkeit in Deutschland gefunden hat, die ihr Augenmerk auf diese unselige Klatscherei gerichtet hätte. Man führt auf Zauberei zurück, was unverkennbar und nach dem Urteil der Wissenschaft den Gesetzen der Natur widerspricht.“

Aus diesem Vorwurf folgert Spee: „Aber wir müssen Hexen haben, gleichgültig woher sie gegen alle Gesetze beschafft werden. Das hat uns diese ungeheure Anzahl von Hexen beschert: Sehet Deutschland, so vieler Hexen Mutter!" Das geschehe nur, weil die Hexenjäger „ihre ganze Lehre auf Ammenmärchen und mit Folter erpresste Geständnisse gründen". Und noch schärfer: „Theologen und Juristen halten Hexerei für ein verborgenes Verbrechen und den Teufel für so durchtrieben, dass er auch die Klügsten hinters Licht führen kann. Trotzdem wollen sie so verborgene Dinge aufspüren und den Kampf mit dem Verschlagensten aller Feinde aufnehmen."

Spee wusste sehr wohl, dass er mit seiner „Cautio" Folter und Feuer riskierte. Er stellte zwar die theologische Dämonenlehre überhaupt nicht in Frage, wagte aber massive Kritik an Folter und Gerichtsbarkeit. Als Beichtvater von Hexen in Würzburg und Bamberg hatte er jahrelang das Elend sowohl der Gequälten als auch der Justiz erlebt, ehe er in Trier Pestkranke pflegte, sich ansteckte und 1635 nur 44-jährig starb. Seine Bilanz aus trister Erfahrung: „Ich kann unter Eid bezeugen, dass ich bis jetzt noch keine verurteilte Hexe zum Scheiterhaufen geleitet habe, von der ich unter Berücksichtigung aller Umstände hätte sagen können, sie sei wirklich schuldig gewesen."

Dem „Meister von Lug und Trug" ergeben

Die Praxis, dass anonyme Denunziationen Hexenprozesse in Gang setzen, führt Spee theologisch ad absurdum: Das öffne dem Teufel „freie Bahn, unendliches Verderben unter Unschuldigen anzurichten. Er wäre ein Faulpelz, wenn er sich diese Gelegenheit entgehen ließe." Werten nämlich Richter die Denunziation als Indiz für ein Verbrechen, dann setzen sie „auf die Autorität und Glaubwürdigkeit des Teufels, obwohl ihn die Bibel als Meister von Lug und Trug darstellt". Weil Denunziation auch Verleumdung ermöglicht, „ist aber niemand mehr sicher, sofern er nur einen verleumderischen Feind hat, der ihn in den Ruf bringt, ein Zauberer zu sein."

Als Kern des Hexenwahns stellt Spee die Folter heraus und fordert ihre Abschaffung. Beginnt nämlich einmal die Tortur, dann „ist der Würfel bereits gefallen, man kann nicht mehr entkommen und muss sterben". Gefolterte würden sich jeglichen Verbrechens bezichtigen, nur um dadurch sich für eine Weile derart fürchterlicher Qual zu entziehen. Manche von ihnen flüchten sogar in den Selbstmord. Sie heißen „zehn Tode willkommen, nur um weiterer Folter zu entgehen".

Den Widersinn der Folter stellt Spee mit nüchterner Logik bloß: „Was können (denunzierende Hexen) wissen, wenn sie nicht selbst Hexen sind? Angenommen, man foltert eine Hexe, damit sie nicht lügt. Wie beweist man, dass sie nicht lügt? Die Gewalt der Folterqualen schafft Hexen, die es gar nicht sind, weil sie es (nach Meinung der Richter) gleichwohl sein müssen. Die Richter gehen also selbst davon aus, dass nicht feststeht, jede Gefangene sei wirklich schuldig, deshalb lassen sie foltern. Wir sind alle nur deshalb keine Hexer, weil wir noch nicht unter die Folter gekommen sind."

Augenscheinlich litt Spee unter der schrecklichen Erfahrung eines Beichtvaters: Falsche Geständnisse und Denunziationen sind selbst unter Folter theologisch eine Todsünde, die nur verziehen werden kann, wenn die falsche Denunziation widerrufen und bereut wird. Sonst droht ewige Verdammnis. Einem Widerruf erfolterter Geständnisse folgt jedoch neuerliche Folter. Wegen des Beichtgeheimnisses können aber Beichtväter nicht intervenieren. Sie müssen hilflos zusehen und schweigen – ein grässliches Dilemma!

Als Zeuge von Foltern erlebte Spee das Wüten der Henker: Sie „fürchten die Schande, dass sie ihr Handwerk ungeschickt ausgeführt, wenn sie einer wehrlosen Frau kein Geständnis haben entreißen können. Manche behaupten, dass (Hexen) Schmerz nicht fühlen und lachen. Das ist eine Lüge. Um schwere

Folter durchzustehen, presst (die Hexe) ihre Lippen zusammen und hält ihren Atem an – und (die Inquisitoren) sagen, dass sie lacht. Sie sagen auch, dass manche still sind und schlafen. Auch das ist eine Lüge, denn manche fallen unter Folter in Ohnmacht." Kein Arzt überwacht die Folter, um festzustellen, dass jemand wegen übermäßigem Schmerz in Ohnmacht fällt.

Stirbt ein Opfer der Folter in Haft, dann hat ihm der „Teufel den Hals umgedreht", und die wahre Todesursache wird gar nicht ermittelt. Der Henker behauptet es einfach, denn er allein hat mit dem Leichnam zu tun. Auch stellt nur der Henker das „Stigma Diabolicum" (Muttermale, Warzen, Narben etc.) fest. Man fragt nicht, ob es nicht natürlichen Ursprungs ist, und kein Arzt untersucht solch eine Stelle. Doch der Henker findet immer so ein „Teufelszeichen", weil sein Einkommen davon abhängt. Er verwendet deshalb eine Ahle mit zurückziehbarer Spitze oder täuscht nur einen Stich vor, damit nur ja kein Blut fließt und die Teufelei bewiesen ist. „Der Teufel wäre doch gar zu dumm, wenn er seine Herde (wie der Bauer seine Tiere) kennzeichnen wollte, dass man sie erkennen und abschlachten kann."

Als schweren Verstoß gegen bestehende Gesetze und das Naturrecht sowie als Niedertracht wertet es Spee, den Hexen unter dem Vorwand eines Sonderverbrechens den Rechtsbeistand zu verweigern. „Nicht einmal ein kleines Kind hielte es für richtig, jemandem gegen den Angriff einer giftigen Schlange die Hände zu binden, ihm aber zur Vermeidung eines Flohbisses beide Hände freizugeben."

Taktisch klug halst Spee die Schuld für die Exzesse bei den Hexenprozessen und die Verstöße gegen das Naturrecht nicht den Fürsten auf, sondern den Gerichten. Man müsse die dafür Verantwortlichen „doppelt mit Ruten streichen, weil sie von einem doppelt bösen Geist besessen sind: Dummheit und Grausamkeit." Sie sind nämlich auch dafür verantwortlich, dass die Fürsten mit den Protokollen „hinters Licht geführt" werden. Protokolle enthalten, was gegen den Angeklagten spricht, nicht aber für ihn. Die Gerichte behaupten zwar, dass „die Indizien der Inquisitoren gegen die Angeklagten sorgfältig protokolliert werden. Die Protokolle verschweigen aber, ob die Indizien bewiesen sind, was gegen sie vorgebracht wurde oder ob sie gänzlich widerlegt wurden." Diese übliche Floskel „vorgebracht und bewiesen" ist rechtswidrig, weil ohne Beweis.

Fürsten und Gelehrte sind ahnungslos

Es empört Spee, dass die Fürsten von den Zuständen in den Gefängnissen und Gerichten nur aus zweiter Hand erfahren und nichts wissen, denn „sie betreten nicht Kerker, hören die Armen nicht freundlich an, trösten nicht die in Unrat und Gestank Liegenden". Das stört aber die Richter nicht, denn einer bekannte ihm: „Ich weiß wohl, dass auch Unschuldige in unsere Prozesse hineingeraten, aber ich mache mir darum keine Sorgen, denn wir haben ja einen sehr gewissenhaften Fürsten. Der wird wohl wissen und in seinem Gewissen bedacht haben, was er befiehlt. Ich habe nur zu gehorchen." Diese Ausflucht in einen „Befehlsnotstand" lässt Spee nicht gelten: „Bei diesen Prozessen gilt allein, was den Richtern beliebt."

Daher müssen Fürsten die Protokolle prüfen. Dafür Gelehrte an den Universitäten oder Theologen heranzuziehen, reicht aber keinesfalls, denn sie beurteilen einen Fall in ihren Studierstuben weitab vom Schuss, „pflegen ihre Spekulationen und haben keine Ahnung vom Elend im Gefängnis – dem Gewicht der Ketten, den Folterwerkzeugen, dem Weheklagen der Gepeinigten. Dies alles verstößt gegen die Menschenwürde."

Später spitzte Spees Ordensbruder Leopold Manzin, Hofprediger in München, dieses Argument zu: Jeder Richter, der eine Folter anordnet, müsse zuerst selbst eine halbe Stunde gefoltert werden, damit er am eigenen Leib diese Qualen verspürt.

Für Spee bewegt sich der Hexenwahn in einem logischen Zirkel: „Das Volk fordert von der Obrigkeit, sie soll die Zauberer und Hexen dingfest machen – jene also, welche die Obrigkeit mit ihren Zungen (= Vorwürfen, Anm.) dazu gemacht haben. Jedermann sagt, alles sei voller Hexen, aber woher wissen sie das? Die Wahrheit hat keinen größeren Feind als das Vorurteil."

Die Schlussfolgerungen Spees aus dieser Tragödie klingen deprimierend: So viele Menschen die Fürsten auch noch verbrennen mögen, „sie werden das Hexenunwesen nicht ausbrennen, wenn sie nicht alles verbrennen. Sie verwüsten ihre Länder mehr als jeder Krieg und richten doch nicht das Allergeringste damit aus. Daraus folgt, dass sie sich am Tag des (Jüngsten) Gerichts schwerlich vor Gott rechtfertigen können, wenn sie im Fall von Menschenleben nachlässig und sorglos waren."

Als lächerliches Scheinargument entlarvt Spee schließlich auch die Behauptungen des Bischofs Binsfeld, seines Ordensbruders Delrio und anderer Geistlicher, Gott lasse es zu, dass Unschuldige gefoltert und hingerichtet werden: Ließ er also auch die Christenverfolgung zu, nachdem Kaiser Nero Rom in Brand gesteckt hatte, dieses Verbrechen im Volk ruchbar wurde und die Christen als Blitzableiter des Volkszorns dafür büßen mussten? Hat Gott das nur deshalb zugelassen, damit die Kirche Märtyrer verehren kann?

Die schlüssige Antwort darauf gaben weder Theologen noch Juristen – der Markt gab sie. Spees „Cautio Criminalis" erschien 1631 auf dem Höhepunkt der Hexenhatz in Deutschland und war im Nu vergriffen. Auf Drängen des Reichskammergerichts und des kaiserlichen Hofs (!) kam bereits 1632 eine Neuauflage heraus und in Spees Todesjahr 1635 eine deutsche Übersetzung unter dem Titel „Gewissensbuch von Prozessen gegen die Hexen". Es folgten Ausgaben in Niederländisch (1657), Französisch (1660) und Polnisch (1680). Insgesamt erlebte Spees Werk 18 Auflagen. Obwohl dieses Glanzstück der politischen Literatur den Aberglauben des Volkes keineswegs kippte, zeitigte es Wirkung: Johann Philipp von Schönborn wurde 1642 Fürstbischof von Würzburg und zudem 1647 geistlicher Kurfürst von Mainz – zwei berüchtigten Hochburgen der Hexenjagd. Er verbot Hexenprozesse in seinen Territorien. Und 1649 untersagte Königin Christine von Schweden Hexenprozesse in ihrem Herrschaftsbereich einschließlich der von Schweden besetzten deutschen Gebiete. Nur in Österreich kam Spee nicht an, hier erreichte der Hexenwahn erst in der zweiten Hälfte des 17. Jahrhunderts seinen Höhepunkt.

Mochte auch Spees „Cautio Criminalis" längst nicht so stark wie der „Hexenhammer" im Gedächtnis der Menschen haften, seine Kirchenlieder werden noch heute gesungen: „O Heiland reiß die Himmel auf" oder „In Bethlehem geboren ist uns ein Kindelein".

Für alle Welt „enttarnt" wurde der anonyme Autor der „Cautio Criminalis" erst 1710 vom Philosophen und Mathematiker Gottfried Wilhelm Leibniz (1645–1715). Er rühmte Spee, weil er mit seinem Buch entscheidenden Anteil daran hatte, dass die meisten deutschen Fürsten die Hexenverfolgung einstellten. Und er berichtete, dass Spees Haar so früh ergraut sei, weil er so viele Unschuldige zur Exekution hatte begleiten müssen.

Jesuiten kontra Dominikaner

Eines Sommermorgens im Jahr 1632 herrschte im Pinzgauer Dorf Unken beträchtliche Aufregung. Ein Priester hatte auf der Wanderschaft von Innsbruck nach Salzburg im Pfarrhof genächtigt und war nicht mehr aufgewacht. Als man die Beisetzung des Verstorbenen vorbereitete, entdeckte ein Bauer in dessen Gepäck ein sonderbares Gerät und darin einen „Glasteufel". In Windeseile ging die Kunde durch das Dorf, dass ausgerechnet im Pfarrhof so ein „Teufelszeug" gefunden wurde. Die aufgebrachten Dörfler wehrten sich dagegen, dass der Tote christlich bestattet werde. So brauchte der Pfarrer alle Überzeugungskraft, um den Leuten dieses „Teufelszeug" zu erklären: ein kleines Mikroskop mit einem Insekt, das den Bauern in der Vergrößerung als „Glasteufel" erschien. Der Tote bekam also doch noch ein christliches Begräbnis. Leider zerstörte 1756 ein Brand die Kirche und die Kirchenbücher, und so verlor sich auch die Spur eines der bedeutendsten Kritiker der Hexenverfolgung, des Jesuiten und Moraltheologen Adam Tanner (1572–1632).

Der gebürtige Innsbrucker Tanner hatte an der Universität München sowie an den hoch angesehenen Jesuiten-Fakultäten Ingolstadt und Innsbruck gelehrt und befand sich auf dem Weg zu einem Lehrauftrag an der neuen Benediktiner-Universität Salzburg. Er bestritt ebenso wenig wie seine theologischen Kollegen die christliche Dämonenlehre und daher die Existenz des Teufels. In seiner „Theologia Scholastica" von 1627 schrieb er aber gegen den theologisch-juristischen Zeitgeist an: „Ein rechtskräftiges Urteil (gegen Hexen) ist unrechtmäßig, da es aus einem (erfolterten) Geständnis hervorgeht." Dies gelte zumal für „Denunziationen eines einzigen Mitangeklagten". Noch so viele Denunziationen bewiesen gar nichts, denn seien die Gefolterten keine Hexen, dann ist ihr Geständnis „eine Lüge, weil sie über andere nichts wissen können und weil dieses Verbrechen sehr geheim und nur den Komplizen bekannt ist". Leider gebe es viel zu wenige gelehrte und kluge Richter. Das erkläre die Willkür von zwei „verbrecherischen Richtern (in Bayern), die wegen ungerechter Prozesse gegen Hexen gemäß den Gutachten der Ingolstädter Juristenfakultät mit dem Tod bestraft worden sind." Die Fantasterei der Hexenflüge liege darin, dass Hexen ihre Träume für Tatsachen halten. Deshalb sei die Hexenjagd genau so schlimm wie die Christenverfolgung.

Auf Tanner baute 1631 die „Cautio Criminalis" seines Ordensbruders Spee auf. Die Bedeutung dieser beiden Moraltheologen lenkt allerdings davon ab, dass Laien die fundierte Kritik an der Hexentheorie und ihrer juristischen Praxis einleiteten – allerdings erst, nachdem 1486 der „Hexenhammer" erschienen war. Bis dahin hatten Dominikaner den theologischen und publizistischen Krieg gegen Ketzer, Hexen und Zauberer bestimmt – mit einer geradezu sensationellen Ausnahme: Papst Sixtus IV. forderte den spanischen Großinquisitor Tomás de Torquemada, einen Dominikaner, der an die 9000 Ketzer in den Tod geschickt hatte, drei Mal zur Mäßigung auf; am schärfsten 1482 in einer Bulle mit regelrecht revolutionären Forderungen, die das Wesen des Inquisitionsverfahrens radikal verändert hätten: Benennung der anonymen Denunzianten, Zulassung von Anwälten und Berufung gegen Urteile beim päpstlichen Gericht, Oberaufsicht über alle Prozesse durch die Bischöfe. Sixtus blieb der Erfolg versagt, denn die spanische Inquisition war ein Instrument der Könige und nicht des Vatikans. Deshalb konnte Torquemada dem Papst Sixtus IV. auch ungestraft einen „Fernprozess" wegen einer ketzerischen Abweichung anhängen – nämlich der Bibelübersetzung in die italienische Volkssprache. Eine päpstliche Schwalbe kündigte also noch keinen theologischen Frühling in der Kirche an. Ein bemerkenswertes Detail am Rand: Die spanische Inquisition und Torquemada lehnten den „Hexenhammer" ab.

Laien verurteilen „blutdürstige Raubvögel"

Bereits drei Jahre nach Erscheinen des „Hexenhammers" bezeichnete der Jurist Ulrich Molitor, Berater des Tiroler Erzherzogs Sigmund, die angebliche Fähigkeit der Hexen, Schadenzauber anzurichten und zu fliegen, als Unsinn. Sein Traktat erregte beträchtliches Aufsehen und erlebte zehn Auflagen.

Den ersten Frontalangriff auf die Folter führte 1519 der Arzt und Jurist Heinrich Agrippa von Nettesheim (1486–1535) – mit den Waffen der Theologie. Er verteidigte Frauen gegen die

„blutdürstigen Raubvögel" der Inquisition. Als in Metz eine Bäuerin ohne Spur eines Beweises auf die Folterbank kam, fuhr Agrippa den Inquisitor mit einem verblüffenden theologischen Argument an: „Schändlicher Mönch, du erklärst Unschuldige zu Ketzern und bist mit dieser Ansicht ein noch schlimmerer Ketzer. Du sprichst nämlich der Taufe ihre Gnadenwirkung ab. Dann hätte der Priester vergebens gesagt: Weiche, unreiner Geist, und mache Platz dem Heiligen Geist." Das rettete der Bäuerin das Leben.

Der Heidelberger Professor Hermann Witekind (1524–1603) orientierte 1585 seine „Christlichen Bedenken und Erinnerungen von Zauberei" gegen den Hexenwahn an der Vernunft: „Dass Hexen auf Besen, Gabeln oder braunen Pferdchen zum Tanz gefahren sein sollen, ist ein falscher Wahn. Kein Besen und keine Gabel fliegt durch die Luft, womit immer sie auch eingeschmiert sein mögen. Führt aber der Teufel die Hexen – wozu braucht er dann einen Besen oder eine Gabel?" Zauberinnen würden nach dem Gesetz des Moses hingerichtet, an das aber die weltliche Obrigkeit nicht gebunden ist. Wer sich trotzdem auf Moses beruft, müsse Ehebruch mit der Todesstrafe ahnden. „Wie viele Fürsten tun das aber?"

Prominenz gewann der Arzt Johann Weyer (1515–1588), Hofarzt der Herzöge von Jülich-Kleve und Spezialist für magische Riten. Ihn empörten die Hexenjäger, weil sie ein „Blutbad unter Unschuldigen" anrichten. Kaiser Ferdinand I. zeichnete Weyers 1563 veröffentlichte Fundamentalkritik an den Hexenprozessen „Von den Blendwerken der Dämonen" mit der Bemerkung aus, dass dieses „rühmliche Vorhaben nicht nur gebilligt und gelobt, sondern auch gefördert zu werden verdiene". Das verschaffte Weyer Schutz vor den entrüsteten Hexenjägern und beträchtlichen Anklang unter Fürsten und Wissenschaftern, änderte allerdings zunächst noch wenig. Weyer stieß in das vorerst noch unbekannte Feld der Psychiatrie vor, denn er führte den Hexenglauben auf kranke Fantasien zurück und bezeichnete Hexen als geistig verwirrte und melancholische Frauen, denen man mit Liebe und Nachsicht und keineswegs mit Folter und Feuer begegnen sollte. Damit nahm er den juristischen Grundsatz der Unzurechnungsfähigkeit vorweg.

Aufsehen erregte 1608 eine anonyme Publikation: „Die Folterungen, die bei uns Christen in Gebrauch sind, sind grausamer als der Tod. Ich rufe Gottes Strafe und Rache über euch unbarmherzige Richter und über alle, die Lust haben am Martern und Morden unschuldiger Menschen. Ich habe meinen Namen wohlweislich nicht genannt, weil das in unseren trübseligen Zeiten mehr als gefährlich ist, die Obrigkeiten und Richter anzutasten und den Fürsprecher für Hexen zu machen."

In der ersten Hälfte des 16. Jahrhunderts nahm die weltliche Justiz der Inquisition die Verfolgung der Hexen ab. Damit verloren die Dominikaner entscheidend an Einfluss. An ihre Stelle traten die Jesuiten, gegründet 1540 als neue intellektuelle Elite des Vatikans und mit der Aufgabe betraut, die Gegenreformation zu lenken.

Erst dieser grundlegende Wandel befähigte Kirchenmänner wie Tanner und Spee, die inquisitorischen Methoden der Dominikaner – und damit besonders den „Hexenhammer" und die Folter – frontal anzugreifen. Dabei riskierten sie sehr wohl noch Kopf und Kragen, wie die Beschwerde des Jesuiten Johannes Quinken bei seinem Provinzial in Köln über die Hexenkommissare der Stadt bezeugt: „Sie lassen keinen von uns mehr zur Betreuung der angeklagten Hexen selbst auf deren inständige Bitten hin zu, denn sie halten sogar uns der Zauberei verdächtig. Einer dieser Kommissare verstieg sich sogar zur Behauptung, wenn er Adam Tanner in die Finger bekäme, würde er ihn wegen Hexerei anklagen".

Aus dieser Sicht mutet es wie eine Ironie der Geschichte an, dass der letzte bedeutende Hexentheoretiker ein Jesuit war: Martin Delrio, der in Graz lehrte und erheblichen Einfluss auf die Hexenverfolgung in Österreich gewann.

Österreichische Kritiker kamen kaum über lokale Bedeutung hinaus, ausgenommen der Brixener Kardinal Cusanus. Er donnerte 1457 von der Kanzel: „Wo die Menschen glauben, dass Zauberei möglich ist, dort wird dieser Unsinn auch gefunden, und man kann ihn weder durch Feuer noch durch Schwert ausrotten. Die Verfolgung beweist nämlich, dass der Teufel mehr gefürchtet wird als Gott. Man soll sich sehr hüten, dass durch den Wunsch, das Übel auszurotten, dieses nur noch vergrößert wird."

In Frankreich hausen 300.000 Hexen

So sehr uns heute die ausnehmend mutigen Attacken Tanners, Spees und bedeutender Wissenschafter auf die Hexenjäger mit Bewunderung erfüllen, sie drangen gegen den tief verwurzelten Aberglauben und die Mächtigen nicht durch. Enormes Aufsehen zog beispielsweise der Franzose Jean Bodin (1530–1596) auf sich, zumal er als bedeutendster Jurist seiner Zeit galt. Seine 1580 veröffentlichte Dämonologie erhob ihn zur internationalen Autorität schlechthin. Er gründete seine Theorie von der Hexenmacht auf den spektakulären Einzelfall einer Französin, die 1578 sogar ohne Folter Hexerei von Kindheit an und Hexenflug zugegeben hatte und dafür verbrannt worden war. Bodin rechtfertigte das Erfoltern von Geständnissen, weil man sonst keine Hexe erwischt – von denen mehr als 300.000 (!) in Frankreich ihr Unwesen treiben. Wer aber Hexenmacht leugnet, muss zwangsläufig selbst Hexe sein. Hielte man sich an legale Prozessregeln, so lasse sich die Macht der Hexen nicht brechen. Also kann es keinen Freispruch für Hexerei geben: „Keine Strafe ist grausam genug für die Bösartigkeit der Hexerei" – ausgenommen Kinderhexen; die solle man erwürgen und hinterher verbrennen.

Ein Jahrhundert nach dem „Hexenhammer" gewann Peter Binsfeld (1545–1598), Weihbischof im geistlichen Kurfürstentum Trier, Prominenz in der Hexentheorie. Unter seiner Leitung erreichte die Hexenhatz in Trier mit rund 300 Opfern ein bisher unbekanntes Ausmaß. In seinem 1589 veröffentlichten „Hexentraktat" beruft sich der in Rom ausgebildete Binsfeld auf seine biblischen und theologischen Vorläufer sowie auf seine und „unserer Richter" Erfahrung bei der Hexenhatz. Dass „widerspenstige Gelehrte" die Hexerei für Fantasterei halten, „kommt der Narretei gleich, Sachen zu verneinen, die jedermann bekannt sind."

Bemerkenswert ist Binsfelds Beweis für Hexenflug und Hexensabbat: „Was da geschieht, ist schwerlich zu beweisen, weil keine Frommen zugegen sein können." Deshalb rechtfertigt eine Denunziation ohne weiteres Indiz die Folter – und zwar sogar in Fortsetzungen unter Ausnahmerecht. Denn nach geltendem Prozessrecht ist dieses schwere Verbrechen nicht zu erfassen. Binsfeld reichert das Repertoire der Folter durch den Schlafentzug an und behauptet, dass Gott die Verurteilung Unschuldiger ohnehin nicht zuließe. Hexen und Zauberer nennt er Vaterlandsverräter, weil sie „nach der Erfahrung" den Weinwuchs zerstören, die Feldfrüchte verderben und damit eine Teuerung heraufbeschwören. Wiederum machen also „Erfahrung" und „allgemein Bekanntes" den Mangel an Beweismitteln für ein imaginäres Verbrechen wett.

Der lothringische Hexenrichter Nicolas Rémy (1530–1612) rühmte sich, binnen 16 Jahren 800 Hexen auf den Scheiterhaufen geschickt zu haben. In seinem Standardwerk „Daemonolatria" bedauerte er 1595, dass er siebenjährige Kinder wegen der Teilnahme am Hexensabbat nur mit Ruten habe schlagen lassen, obwohl sie den Tod verdient hätten. Es sei eben „heilsamer Eifer schädlichen Begnadigungen vorzuziehen." Hexen stellte er allerdings auch als Objekte teuflischen Terrors dar: Beim Hexensabbat, der an jedem Mittwoch oder Samstag stattfindet, würden unpünktliche Hexen von Teufeln fürchterlich verprügelt. Auf dem Hexensabbat gebe es stets nur ekelerregendes Essen, Hexen müssten bis zum Umfallen tanzen, erleben Sex mit Teufeln als sehr schmerzhaft und ohne Lustgefühl, sie müssten den After des Teufels küssen, der als stinkender Geißbock in Erscheinung tritt.

Dritter und letzter, aber einflussreichster Laie unter den Hexentheoretikern war der sächsische Jurist Benedikt Carpzov (1595–1666), der sich rühmte, an die 20.000 Todesurteile unterzeichnet zu haben. Carpzov war tiefreligiöser Protestant, höchst autoritätsgläubiger Professor für Kriminalrecht in Leipzig und Autor des Standardwerks „Praxis in Kriminalfällen", das bis 1723 neun Auflagen erlebte. Darin definiert er wie seine Vorläufer Hexerei als Ausnahmeverbrechen wie Hochverrat, Straßenraub, Geldfälscherei und Majestätsbeleidigung mit der Begründung, dass solche Untaten die Autorität des Fürsten und der Kirche schädigen.

Als schlimmstes Ausnahmeverbrechen wertete Carpzov aber Hexerei, weil es zugleich Ketzerei, Apostasie, Sakrileg, Blasphemie und Sodomie ist und daher nie verjährt. Als fünffaches Verbrechen verdiene Hexerei daher eine dreifach verschärfte Folter und die fünffache Todesstrafe. Weil das leider nicht praktikabel sei, führte Carpzov eine neue juristische Kategorie ein: den „Vermutungsbeweis", der für Anklage und Folter ausreiche. Ob aus der Vermutung eine Gewissheit werde, bleibe dem Ermessen des Richters überlassen. Dieser könne sich bei schweren „geheimen Verbrechen" auch über die Prozessregeln hinwegsetzen. Carpzov übte nachhaltigen Einfluss auf die Hexenjagd in Österreich aus, die allerdings erst nach 1650 mit verheerender Wucht einsetzte.

Carpzov übertraf lediglich der spanisch-niederländische Jesuit und doctor juris Martin Delrio (1551–1608). Er lehrte von 1601 bis 1603 am Jesuitenkolleg in Graz, das 1586 als Stützpunkt der Gegenreformation gegründet worden war. Delrio galt als der bedeutendste Universalgelehrte seiner Zeit, dozierte an mehreren europäischen Universitäten und gewann in den katholischen Ländern durch erbetene Hexen-Gutachten beträchtlichen Einfluss. Seine sechsbändigen „Untersuchungen der Magie" (1599/1600) weisen ihn als letzten und herausragendsten Theoretiker der Hexen- und Dämonenlehre aus. Immerhin erreichte sein Werk binnen eineinhalb Jahrhunderten – also weit über die hohe Zeit der Hexenhatz hinaus – 26 Auflagen. Das waren um vier weniger als beim „Hexenhammer", den aber Delrio an intellektueller Brillanz bei Weitem ausstach.

Scharf ins Gericht geht Delrio mit den „Polyticos", somit jenen Kritikern der Hexenverfolgung, die nach seiner Ansicht politisch und nicht religiös argumentieren. Wo nämlich Protestanten eindringen und „laue Katholiken" den Ton angeben, nehme die Zauberei beängstigend zu. Diese folgt aber der Ketzerei wie der Schatten dem Körper. Hexerei und Zauberei zu leugnen ist somit ketzerisch und todeswürdig.

Delrios juristischem Scharfsinn entgeht allerdings nicht der Schwachpunkt aller Hexenprozesse: die anonyme Denunziation. Dennoch rechtfertigt er sie: „Würde man der Anzeige wegen Teilnahme am Hexensabbat nicht glauben, so würde die Axt an die Wurzel der Hexenprozesse gelegt und damit jede Möglichkeit zur Erforschung der Wahrheit versperrt." Und die Fundamentalkritik an der gesamten Hexenjustiz pariert er mit dem Argument, dass nur Folter von Denunzierten die übrigen Teilnehmer an Hexereien enttarne. Daher auch sollten die Kritiker erst einmal den Hexenflug und den Schadenzauber widerlegen. Es focht ihn also doch nicht an, dass ein imaginäres Verbrechen so wenig widerlegt wie bewiesen werden kann.

Entsprechend mager fallen deswegen auch die Sachbeweise für seine Hexentheorie aus, besonders in der „konkreten" Beschreibung des Hexensabbats. Sie erschöpfen sich wie damals üblich in erfolterten Geständnissen und in nicht überprüften Geschichten vom Hörensagen. Als „eine ganz sichere Geschichte" führt Delrio aber an: „1587 fiel abends aus einer dunklen Wolke ein Weib zu Füßen eines wallonischen Wachpostens, der in die Wolke (zur Abwehr eines Gewitters) geschossen hatte."

Gerichte bekriegen ein Phantom

Bis in das Hochmittelalter taten Herrscher- und Kirchenrecht Zauberei als Unsinn ab. Für Ketzerei setzte es allenfalls Kirchenstrafen. Das änderte im 13. Jahrhundert die Einführung des Inquisitionsverfahrens nachhaltig. Den entscheidenden Schritt setzte Papst Alexander IV. 1260 mit der Anordnung, dass Inquisitoren auch Hexerei verfolgen dürfen, wenn sie offensichtlich mit Ketzerei verbunden ist. Die angesehene theologische Fakultät von Paris zementierte 1398 diese Ansicht mit der Erkenntnis, dass Schadenzauber zugleich Ketzerei ist. Schließlich erklärte Papst Paul II. 1468 die Hexerei zum „Ausnahmeverbrechen".

Die weltliche Gerichtsbarkeit ging jedoch erheblich behutsamer vor. Beispielhaft dafür ist die Tiroler Halsgerichtsordnung von 1499, die erste ihrer Art im ganzen „Heiligen Römischen Reich Deutscher Nation". Sie erschien 13 Jahre nach dem „Hexenhammer" und ignorierte ihn schlichtweg, weil sie Zauberei und Hexerei ebenso wenig erwähnt wie die nachfolgenden Novellen dieses Gesetzes.

Noch bemerkenswerter sind die Polizeiordnungen Kaiser Ferdinands I. von 1544 und 1552. Sie werten Zauberei als „Betrug", Wahrsagerei als bösen Aberglauben und legen eine „gebührende" Strafe für jene fest, die derlei praktizieren. Von Todesstrafe ist keine Rede. Kaiser Maximilian II. verfügte 1568 gar, dass Wahrsager und Zauberer ihre Künste öffentlich vorführen und dem allgemeinen Spott verfallen sollen. Krasser konnte die Missachtung des „Hexenhammers" (1486) und der päpstlichen „Hexenbulle" (1484) gar nicht ausfallen.

Allerdings setzte die Bamberger Halsgerichtsordnung von 1507 eine völlig andere Entwicklung in Gang: Schadenzauber ist wie Ketzerei mit dem Feuertod zu bestrafen, Zauberei ohne Schaden hingegen gemäß dem Rat von Fachleuten. Dieser Linie folgte die berühmte „Carolina", die „peinliche Halsgerichtsordnung" Kaiser Karls V., die der Regensburger Reichstag 1532 nach 34 Jahren der Beratung beschloss.

Auf den ersten Blick nimmt sich dieses Reichsgesetz als eindrucksvoller Fortschritt aus, zumal es mit wesentlichen Vorgaben des „Hexenhammers" bricht: Kein Wort von Ketzerei, Verbot der anonymen Denunzierung und kein Hinweis auf den todeswürdigen Teufelspakt, der theologisch erst Zauberei und Hexerei möglich macht – theoretisch also eine glatte Ketzerei.

Für die Praxis wichtiger sind durchaus fortschrittliche Bestimmungen der „Carolina". „Das Gefängnis dient zum Festhalten und nicht zu schwerer gefährlicher Peinigung der Gefangenen." Das Erfoltern eines Geständnisses ist erst zulässig, sobald die Schuld eines Angeklagten nachgewiesen wird, und die Wiederholung der Folter ist verboten. Ausmaß und Anwendung der Folter liegt im „Ermessen eines guten vernünftigen Richters". Diese Passagen wollten verhindern, dass unwissende, verschreckte oder eingeschüchterte Personen Geständnisse ablegen, obgleich sie unschuldig sind.

Der für die Hexenjagd maßgebliche Artikel legt fest: „Wer jemandem durch Zauberei schadet, soll den Tod durch Feuer erleiden. Wer mit Zauberei aber niemandem schadet, der soll nach dem Gewicht der Sache bestraft werden."

In entscheidenden Punkten weicht die „Carolina" auch vom ursprünglich kirchenrechtlichen Inquisitionsverfahren und vom „Hexenhammer" ab: Neben dem Verbot der anonymen Denunzierung spricht sie den Beschuldigten das uneingeschränkte Recht auf einen Anwalt, auf Akteneinsicht und auf Einspruch gegen Zeugen zu.

So gut die „Carolina" als Reichsgesetz auch gemeint sein mochte, allein die 34-jährige Dauer ihrer Beratung erklärt, warum ihr ein Kompromiss die Zähne zog und die Durchschlagskraft nahm: Mit der „Clausula salvatoria" gestattete sie den Fürsten der rund 3000 „Territorialstaaten" im Reich, an alten Rechtsgebräuchen festzuhalten und das regionale Gewohnheitsrecht in ihrem Herrschaftsbereich anzuwenden. Im Klartext: Jeder Fürst konnte jeden Verstoß gegen das Reichsrecht „rechtens" brechen. Die Folgen für die Hexenjagd liegen auf der Hand.

Beispielsweise warf die Bestimmung, in Zweifelsfällen Rechtsgutachten einzuholen, zwei ernste Probleme auf. Den Rat erteilten Fachleute, die den Angeklagten nicht kannten und auf durchaus auch fragwürdige Protokolle angewiesen waren, die keinerlei entlastenden Äußerungen enthielten und deshalb ein ziemlich verzerrtes Bild des Delinquenten zeichneten. Zweitens kostete der schleppende Postverkehr Zeit und Geld, weshalb die Gerichtsherrschaft häufig vor Rechtsberatung zurückscheute – von der Qual einer verlängerten „Untersuchungshaft" gar nicht zu reden. Die Obrigkeit drängte nämlich auf Eile, damit die Kosten der Prozesse gegen fast immer mittellose Delinquenten nicht ins Uferlose anschwollen.

Folter ist Erbe der klassischen Antike

„Wenn jemand durch Marter sich dessen schuldig bekennt, was er nicht begangen hat, muss dann nicht die Schuld auf den fallen, der ihn zu einem solchen lügnerischen Bekenntnis zwingt?" Mit diesem Argument verurteilte Papst Nikolaus I. im Jahr 866 die Folter, weil sie weder durch göttliches noch durch menschliches Gesetz gedeckt sei. Vier Jahrhunderte zuvor schon hatte Augustinus die Folter als „hassenswertes Kennzeichen menschlicher Erbärmlichkeit" verurteilt, doch als Teil einer sündigen Welt hingenommen. Diese Erbärmlichkeit galt freilich in der antiken Welt als geradezu selbstverständliches Rechtsmittel.

Von den Griechen übernahmen die Römer zwar wesentliche Rechtsnormen, allerdings auch die Folter wie Prügel, Geißelung oder Versengen mit glühenden Kohlen, um Verdächtigen oder Zeugen Geständnisse abzuzwingen. Die Römer bereicherten diese griechischen Erbstücke um körperliche Verstümmelungen, Entzug von Nahrung, Wasser und Schlaf sowie Insektenstiche, Häuten, Recken auf einer Leiter oder „Schmauchen". Dabei hängte man das Opfer kopfüber in den Rauch eines schwelenden Feuers. Der Schriftsteller Tertullian fasste zusammen: „Wenn Angeklagte sich nicht schuldig bekennen, zwingt man sie durch Folter zu einem Geständnis. Man foltert Christen nur, damit sie ihren Glauben verleugnen."

Mithin haben keineswegs die Inquisition und die Hexenjäger die Folter eingeführt, die römischen Eroberer hatten sie über ganz Europa verbreitet, damit langsam auch das germanische Recht verdrängt, das die Folter nicht kannte.

Die große Wende brachte die kirchliche Inquisition gegen die Ketzer. Bereits 1215 billigte das 4. Laterankonzil die Folter, um das Geständnis eines „geheimen Verbrechens" zu erpressen. 1231 übernahm Kaiser Friedrich II. die Folter als Verfahren gegen die Ketzer, und im Jahr darauf übertrug Papst Gregor IX. den Dominikanern die Inquisition. Wegen des weit verbreiteten Missbrauchs der Tortur wurden im Deutschen Reich erst ab 1498 klare Regeln für die Anwendung der Folter erlassen – ein bedauerliches Erbe aus dem römischen Recht. Doch die Stoßrichtung galt schon längst der Hexerei.

An dieser Stelle ist ein Rückblick um ein Jahrtausend nötig. Der Zerfall des Römischen Reiches mit allen verheerenden Folgen wie der sozialen Verwilderung und der zunehmenden Rechtsunsicherheit begünstigte die Idee einer von Gott gelenkten „Civitas Christiana" (= Christliche Gemeinschaft), deren Einheit der Papst und der Kaiser sicherstellen. Trotz Machtkämpfen, Rivalitäten und Krisen waren sich beide Autoritäten darin einig, dass Ketzer und später die teuflische „Hexensekte" diese Einheit religiös und politisch gefährden, also gemeinsam zu bekämpfen seien. Zudem diente das Strafrecht keineswegs nur dem Schutz der bürgerlichen Gesellschaft, man sah darin ein Organ der göttlichen Allmacht und Gerechtigkeit.

Die Folgen für das Rechtssystem wogen deshalb so schwer, weil eine Beweisaufnahme nach unseren Vorstellungen unmöglich war. Wurde der Täter nicht in flagranti oder durch Zeugen ertappt, dann reichten ziemlich fragwürdige Indizien als Beweis. Gestand er nicht, musste er unter die Folter. Dieser Vorgang verwischte die Grenze zwischen Verhör und Strafe; der Angeklagte galt schon nicht mehr als schuldlos. Folter wurde also für das „Verbrechen" verhängt, unter Verdacht geraten zu sein. Dafür genügte im Inquisitionsverfahren bereits eine anonyme Denunziation.

Die äußerste Grausamkeit der Folter bestand folglich weder im Sadismus von Richtern noch in der ausgeklügelten Barbarei der Folterinstrumente, sondern in der Suche der absoluten Gewissheit einer Schuld. Es mutet aber grotesk an, dass diese Vorgangsweise die Rechtssicherheit verbesserte. Die „Carolina" belegt es, auch wenn sie in der Praxis nicht hinreichend wirkte. Stellt man in Rechnung, dass der „Hexenhammer" 45 Jahre vor der „Carolina" erschien und erst eineinhalb Jahrhunderte nach der „Carolina" seine 29. und letzte Auflage erlebte, dann lässt sich sein geringer Einfluss auf das Gewohnheitsrecht, die Bedeutung der „Clausula salvatoria" und somit die Freiheit zum Missbrauch hinreichend abschätzen.

Es dauerte immerhin bis 1768, ehe die österreichische Herrscherin Maria Theresia die Folter abschaffte.

Folter durch Quetschen, Strecken, Brennen

„Ich habe gesehen, wie der Henker (seine Opfer) mit Peitschen und Ruten geschlagen, mit Schrauben gequetscht, mit Gewichten beschwert, mit Nägeln gestochen, mit Stricken umzogen, mit Schwefel gebrannt, mit Öl begossen und mit Fackeln den Leib, den Gott dem Heiligen Geist zum Tempel errichtete, angesengt hat. Mich verwundert, dass Schöffen, Fakultäten, Universitäten (als Gutachter) dem Gericht so leichthin die Folter an einem armen Gefangenen gestatten. Es wäre nur billig, dass kein Doktor oder Magister zu einem solchen Spruch zugelassen würde, wenn er nicht dieses erbärmliche Elend selbst angesehen hat." So beschrieb 1635 der evangelische Pastor Johann Matthäus Meyfart (1590–1642) aus Thüringen das „traurige Spektakel" der Folter und ihrer grausamen Varianten. Er riskierte damit, selbst in die Fänge der Hexenjustiz zu geraten.

Die Folter unter Ausschluss der Öffentlichkeit sollte in Hexenprozessen das Geständnis eines „geheimen Verbrechens" erzwingen. Ihr wurden allerdings auch Kriminelle unterworfen, wenn ein Geständnis die fehlenden Beweismittel ersetzen musste. Es ist müßig, die Quälereien in den Folterkammern und das Martyrium der Opfer darzustellen. Die Methoden der „peinlichen Befragung" genügen, um das Entsetzen Meyfarts nachzuempfinden.

Im Regelfall begann das Drama mit einem religiösen Zeremoniell, um den Teufel zu verscheuchen, damit er nicht den Hexen helfen kann: Versprengen von Weihwasser, Exorzismen, fromme Gesänge und Gebete. Den Auftakt bildete dann stets die „Territion", um dem Opfer Schrecken einzujagen. Folterknechte zeigten die Foltergeräte und erklärten ihre grässliche Wirkung: Diese Psychofolter bewog 1633 den großen Galilei zum Widerruf seiner „ketzerischen" Lehre, dass die Erde um die Sonne kreist.

Zeitigte die „Territion" nicht die gewünschte Wirkung, so entkleideten die Folterknechte ihr Opfer – ein insbesondere für Frauen entwürdigender Vorgang, der ihnen auch die Hoffnungslosigkeit ihrer Lage in nackter Wehrlosigkeit klar machen sollte. Dann folgte das „Visitieren" der Angeklagten. Henkersknechte schoren alles Haar – zumal im Genitalbereich – und suchten den Körper und seine Öffnungen nach verborgenen Zaubermitteln und nach einem „Stigma Diabolicum" ab, einer „teuflischen Schnittnarbe". Sie bewies das „Märken" (Markieren), dass die Delinquenten mit ihrem Blut einen Pakt mit dem Teufel unterzeichnet und also „Blutsbruderschaft" geschlossen hatten.

Den Teufelsbund sollte auch die Nadelprobe nachweisen. Man hielt nämlich Muttermale, Warzen oder Wundnarben für unempfindliche „Teufelsspuren". Deshalb stachen Folterknechte beim „Visitieren" mit Nadeln unauffällig in diese Stellen. Verspürte der Delinquent nichts und floss kein Blut, so stand das Teufelsbündnis des „Gemärkten" fest. Das reichte zur Todesstrafe.

Die zehnjährige Tochter einer in Salzburg bettelnden und als Hexe in Verruf geratenen Frau erklärte dem Gericht eine Narbe am Fuß als Folge von Räude und einem drückenden Schuh – beides Hinweise auf das elende Bettlerdasein. Den Nadelstich in den Fuß merkte das Kind nicht, das zudem noch eine Geschwulst an der Vagina hatte (was die entwürdigenden Beweisaufnahmen jener Zeit dokumentiert). Das genügte als Beweis eines Teufelspaktes und brachte dem Kind den Tod durch Erdrosseln.

Die fünf Grade der Folter sollten die Qual ständig steigern und bestanden im Prinzip aus Quetschen, Strecken, Stechen und Brennen. Die Abfolge dieser Quälmethoden variierte allerdings regional.

Den ersten Foltergrad bildete die Daumenschraube, zwei mit Schrauben verbundene Eisenstücke, zwischen denen die Daumen oder auch die ganze Hand je nach Bedarf gequetscht wurden. Vorwiegend als dritten oder vierten Grad maßen Schergen dem Opfer „spanische Stiefel" an: Nach Art einer Daumenschraube im Großformat verbundene Eisenplatten, zwischen denen der Unterschenkel zusammengepresst wurde – gegebenenfalls bis zum Splittern des Schienbeins. Nach dem Urteil eines Folterers „möchte das auch der allerstärkste Mensch nicht aushalten".

Als zweiten Grad erlitten Gefolterte im Regelfall das Strecken oder Recken. Henkersknechte fesselten die Hände des Opfers auf dem Rücken, banden sie an ein Seil und zogen den Delinquenten über eine Rolle hoch. Reichte diese Quälerei nicht für ein Geständnis, so verschärften Schläge auf das gespannte Seil, ruckartiges Lockern und Abfangen des Seils oder bis zu 50 Kilogramm schwere Gewichte an den Beinen den Schmerz. Nicht selten kegelte diese Tortur Gelenke aus. Die Dauer dieser Folter bemaß das Gericht häufig nach einer bestimmten Anzahl von „Vaterunser". Technisch „aufwendiger" war das Strecken an einer schräg gestellten Leiter, auf der Folterbank oder auf dem „Streckbett": Das Opfer hing mit gefesselten Armen am Foltergerät fest, ein Seil um die Beine endete an einer Winde, an der die Folterknechte zur Streckung des Körpers drehten. Ein Folterer beurteilte „Qual und Schmerz" dieser Tortur fachmännisch: „Durch gewaltsame Anspannung oder Dehnung der Gelenke werden alle Glieder auseinandergezogen und zerrissen."

Den vierten Grad bildete das Stechen mit dem „gespickten Hasen", einer mit Holznägeln besetzten Rolle. Damit bearbeiteten die Folterknechte den Rücken des auf der Folterbank oder an der Wand fixierten Opfers. Als vierten oder fünften Grad verordnete das Gericht die Sitzfolter auf dem „spanischen Reiter", auch „Schragen" oder „Hexenstuhl" genannt. Auf diesem nach Art eines steilen Zeltdaches zusammengefügten Holzgestell mit scharfer Schneide musste das gefesselte Opfer stundenlang rittlings sitzen und erlitt zunehmend heftige Schmerzen im Genitalbereich sowie Beinkrämpfe.

Als fünfter Grad oder auch als Verschärfung des Reckens kam die Feuerfolter an die Reihe. Schergen versengten dem an den Armen aufgehängten Opfer mit brennenden Spänen, Schwefelhölzern oder Fackeln die Haut, zumal im Bereich der

Achselhöhlen. Oder sie trieben dem gefesselten Delinquenten unter die Fingernägel kleine Holzkeile und zündeten sie an. In seltenen Fällen legte man das Opfer auch auf eine Metallplatte, die über einem Feuer langsam erhitzt wurde.

Als Auftakt oder Sondereinlage der Folter wurden die Opfer auch auf die Folterbank gebunden und mit einer von Weihwasser getränkten „Rute gestrichen" – bis zur Zahl eines „Schillings" (= Zähleinheit für 30). So eine Tracht Prügel riss blutende Wunden auf, in die man zuweilen Schwefel, heißes Pech, Salz oder Branntwein träufelte. Gelegentlich erlitten Gefesselte auch die Qual, Stunden in einem mit Insekten gefüllten Bett zu liegen.

Damit Gemarterte nicht „brüllen wie ein Ochs", zwängte man ihnen die „Birne" in den Mund; ein Gerät, das mit einer Schraube im Gaumen aufzuspreizen war. Beliebte Foltermethoden waren auch der Entzug von Nahrung, Wasser und Schlaf oder endloses Kauern im Türkensitz. Das bot den Vorteil, dass kein Blut floss, keine Spuren zurückblieben und teure Foltergeräte eingespart wurden.

Der Ulmer Prediger Johann Seifert übersetzte 1647 Friedrich von Spees „Cautio Criminalis" in das Deutsche und fügte ihr die Aussage eines betrunkenen Henkersknechts über die Wirkung der Tortur an: „Er würde selbst den Papst zum Hexer machen, käme er in seine Gewalt."

Erst mit der Aufklärung dämmerte die Einsicht, dass Folter keineswegs die Wahrheit ans Licht bringt – von einem theologischen und juristischen Problem ganz abgesehen: Wie beweist man, dass ein erfoltertes Geständnis wahr und nicht eine Lüge ist, damit die Quälerei ende? Wie verträgt sich das mit dem achten Gebot, nicht zu lügen und „kein falsches Zeugnis gegen den Nächsten" zu geben – also „Mithexen" zu denunzieren? Wie kann ein Theologe das Risiko eingehen, dass man jemanden zur Lüge zwingt und damit ausgerechnet den theologischen Zweck der Hexenprozesse konterkariert: die Erlösung einer Hexe aus dem Teufelspakt und die Rettung ihrer Seele? Der Ausweg war theologisch astrein: Die Folter gilt eigentlich dem Teufel, und seine Macht über das Opfer wird mit dem Geständnis gebrochen.

Wie tief der Hexenwahn im Aberglauben steckte, belegt das fürchterliche Schicksal Katharina Henoths, der Tochter des kaiserlichen Postmeisters in Köln und Schwester des Dompropstes. Von einer Nonne wegen Hexerei denunziert, wurde sie verhaftet, gefoltert und schließlich zum Scheiterhaufen geführt. Auf dem Weg dorthin warteten einige Freunde und ein kaiserlicher Notar (!) mit einem Protestschreiben gegen die Folterei. Man reiche der Frau das Dokument, damit sie es unterschreibe. Sie tat es mit der linken Hand, worauf Beamte riefen: „Seht, sie ist eine Hexe, denn sie schreibt mit der linken Hand." Daraufhin riss Katharina den Verband von ihrer Rechten, zeigte dem Volk die verstümmelte Hand und rief, dass die Henker ihre rechte Hand zertrümmert hätten, um ein Geständnis zu erzwingen, deshalb schreibe sie mit der linken. Sie wurde verbrannt.

Der Teufel „dreht den Hals um"

Im ehemals untersteirischen Marburg (heute Maribor/Slowenien) verurteilte ein Hexenrichter im Jahr 1677 eine Hexe nach schwerer Folter zur Enthauptung. Die Frau erlag aber schon vor der Hinrichtung den Folgen der schweren Folter, worauf das Gericht befand, dass ihr der Teufel „den Hals umgedreht" habe – in der häufig unterstellten Absicht, dass er das Geständnis eines „geheimen Verbrechens" oder die Denunzierung von Komplizinnen zu verhindern trachte, damit sie der Hölle verfalle.

Diese Begründung verblüfft. Die Teufels-Theorien gingen nämlich davon aus, dass man den Teufel mit Weihwasser und frommen Ritualen aus Gerichten und Folterkammern vertreiben könne, damit er die „peinliche Befragung" nicht stört. Er konnte es also doch. Offensichtlich irritierte niemanden die Unlogik, dass sich der Teufel nicht an die Theorie hielt und gegen religiöse Zeremonien immun blieb. Noch mehr verblüfft, dass die Protokolle diesen Widerspruch sogar noch dokumentierten.

Da erklärte ein Gericht den Tod einer Hexe während der Folter so: „Der Teufel wollte sie nichts mehr offenbaren lassen und hat ihr deshalb den Hals umgedreht." In einem anderen Fall bemerkte der Henker nach zweistündiger Folter am Seil, dass es „nicht richtig um die Delinquentin sei". Er ließ sie herunter, bestrich sie mit Wein, legte sie auf eine Pritsche, und da starb sie. Der Scharfrichter besah die Tote genau und befand: „Der Hals ist oben im Gelenk entzwei gewesen." Ein Akt des Teufels mithin oder Ausrede für exzessive Folter?

Dass Hexen während der Folter „einschliefen" – also in Ohnmacht fielen –, schrieb man ebenfalls dem Teufel zu. Da begann das Verhör einer Hexe um 2 Uhr früh. Weil sie nichts gestand, unterzog sie der Henker von 7 bis 14 Uhr derart brutaler Folter, dass sie beständig schrie und dem Henker „so in die Ohren blökte, dass ihm davon ganz schwindelig" wurde. Mehrfach übermannte sie Ohnmacht, worauf der Henker feststellte, er habe dies „bei gar argen Hexen auch beobachtet; der Teufel mache ihnen nur tiefen Schlaf, dass sie nichts fühlen".

Dass Gefolterte weder durch Mienenspiel Schmerz verrieten noch auf Fragen antworteten und in Ohnmacht fielen, verwirrte die Hexentheoretiker. Sie konstruierten daher das „Maleficium taciturnitatis" (= Schweigezauber): Der Teufel habe den Inquisiten derart verhext, dass er keine Pein verspürt und nichts gesteht. Er „stopft ihm nur das Maul", damit er seine Kumpane nicht verrät. Und wenn ein Opfer unter der Tortur die Sprache verlor, galt dies als Beweis: „Vom Teufel stumm gemacht."

Als Beweis des Teufelspaktes galt auch der Umstand, dass Gefolterte nicht weinen. Die Begründung dafür bot 1487 der

„Hexenhammer": „Tränen sind ein Zeichen für Reue. Also beweist es einen Teufelspakt, wenn Gefolterte durch Einwirkung des Teufels aus Mangel an Reue keine Tränen vergießen."

Diese Erkenntnis spiegeln auch die Verhöre wider. Beispielsweise steht da in einem Protokoll: „Stellt sich weinend, übergeht ihr aber kein Auge." In einem anderen Fall fragte der Richter eine am Seil aufgezogene Frau, ob sie sich dem Teufel ergeben und Vieh verhext habe. Sie leugnete „unter schrecklichem Geschrei, aber ohne Zähren" beharrlich.

Erst im 18. Jahrhundert fanden Mediziner heraus, dass bei einem Übermaß an Schmerz das Auge trocken bleibt – ein schrecklicher Einblick in die Qual der Folter.

Deshalb leuchtet es ein, dass als Hexen und Zauberer angeklagte Menschen in den Selbstmord flüchteten, um weiterer Peinigung in monatelanger Haft zu entrinnen. Richter sorgten darum für ständige Bewachung der Gefolterten, damit ihnen nicht der Teufel zum Selbstmord verhelfe und weitere Quälerei erspare. In Garmisch erhängte sich dennoch eine Frau nach schwerer Folter im Kerker am abgerissenen Saum ihrer Schürze. Auf ungeklärte Weise kam andrenorts eine der Hexerei Beschuldigte an ein Messer und erstach sich damit. Eine Frau erdrosselte sich nach schwerer Folter in der Zelle, mit einer Schnur um den Hals, die sie mit einem Hölzchen so lange festdrehte, bis sie erstickte. Und einer Frau in Wien gelang es, sich auf dem Weg zur Folter loszureißen und in eine tiefe Zisterne zu springen.

Hexenjäger beeindruckten solche Tragödien nicht. Jedoch setzten sich Gerichte mit der Folter selbst unter Druck, Recht zu behalten. Andrerseits sahen Folteropfer in der Todesstrafe kaum ein schlimmeres Übel als die Quälerei und wählten deshalb sogar den Selbstmord – der allerdings das Gericht in schlechtes Licht setzte und schon deshalb des Teufels als Ausrede bedurfte.

„Gefangen in unbeschreiblichem Gestank"

„Es ist genugsam bekannt und darüber geklagt worden, dass das Gefängnis ein unterirdischer, schrecklicher und schmutziger Ort ist." Das gestand der im 17. Jahrhundert ebenso gnadenlose wie einfallsreiche deutsche Hexenjäger Benedikt Carpzov ungerührt zu. Gleichwohl sind authentische Zeugnisse dieses Grauens eher selten. Und sie stammen auch nicht von den Opfern.

Der Salzburger Hofrat (die höchste Gerichtsinstanz des Landes) ersuchte 1678 den Fürsterzbischof mit Nachdruck um Öfen in der Folterkammer und im „Verhörstübchen", weil sonst die Arbeit des Gerichts „an diesem eiskalten Ort zu beschwerlich" sei. Die Beschwernisse der Gefangenen lässt der Fall eines Mannes erahnen, der in Salzburg allen Foltern ohne Geständnis standgehalten hatte und deshalb freigelassen werden musste. Den Zustand dieses armen Teufels illustriert die Anweisung der Obrigkeit, dass er „von Läusen gereinigt und in einem warmen Zimmer gut ernährt" werde. Einmal beschwerte sich auch ein Arzt über den Gestank in den Keuchen und verlangte eine Reinigung, damit im Gefängnis keine Seuchen ausbrächen. Da sträubt sich die Vorstellungskraft, das Schicksal von zwei „Zauberbuben" zu bedenken, die in Salzburg ein Jahr auf ihre Hinrichtung warten mussten, weil sie dem Gericht als Belastungszeugen die erwünschten Dienste leisteten.

Während der großen Hexenhatz in der Steiermark deponierte der kaiserliche Kommissar Hammer-Purgstall bei der Regierung in Graz sein Selbstmitleid darüber, „dass er tausend Mal lieber bei den Barbaren als bei den dämonischen Leuten kommissionieren wolle, da man in den Kerkern der Gefangenen einen unbeschreiblichen Gestank ausstehen muss. Es wäre auch kein Wunder – wenn einem Gott nicht beistünde –, eine schwere Krankheit zu erlangen."

In Feldkirch durchlitt 1649 eine 60-jährige Pfarrersköchin eine fürchterliche Haft. Vor der Exekution für imaginäre Verbrechen sollte sie aber noch den Zuspruch eines Beichtvaters erhalten. Das Gericht ersparte dem Priester den fürchterlichen Gestank in ihrer Keuche und brachte die Frau in einen anderen Raum. Dort erlag sie allerdings den Folgen der Folter und der Haft.

Die wohl am meisten erschütternde Beschreibung der Haftbedingungen hinterließ uns der calvinistische Pfarrer Anton Praetorius (1555–1625), ein prominenter Kritiker der Hexenhatz. Seine Eindrücke nach Besuchen mehrerer Gefängnisse fasste er 1613 so zusammen: Gefesselt oder angekettet „sitzen etliche Gefangene in beißender Kälte, dass ihnen die Füße sogar abfrieren und sie ihr Lebtag lang Krüppel sein müssen, wenn sie überhaupt frei kommen. Alle liegen ohne Lüftung in ihrem eigenen Mist und Gestank viel elender als das Vieh. Sie werden (weil sie sich kaum oder nicht bewegen können) von Läusen, Mäusen und Mardern übel geplagt, gebissen und angefressen (sowie) täglich von den Wächtern und Henkern mit Schimpf, Spott und Drohungen gequält. Sie werden übel gespeist, können nicht ruhig schlafen, haben schwere Gedanken, böse Träume und Schrecken und werden schwermütig."

Nebensätze in den Protokollen fügen sich zu einem ergänzenden Bild: Die Gefangenen saßen vorwiegend in Einzelhaft, um Absprachen zu unterbinden und die Wirkung der Folter durch Einsamkeit und das Gefühl der Hilflosigkeit zu verstärken. Sie blieben von allen Außenkontakten abgeschnitten, ohne Kenntnis des Prozessverlaufs und ausgeliefert der Willkür habgieriger und abgestumpfter Wächter. Sie vegetierten auf verschmutzten und feuchten Strohsäcken oder kaum je gewechseltem Stroh, neben sich ein selten geleertes „Unflatschaff". Alles in allem war der Gefangene ein zum Nichts entwürdigtes menschliches Wrack. Kontrollen oder Möglichkeiten zu Beschwerden bestanden kaum. So litten Menschen zwischen Verhaftung und Hinrichtung bis zu einem Jahr lang.

Die katastrophalen äußeren Zustände lassen auf die physischen und psychischen Zustände der Häftlinge zumal nach der

Folter schließen. Nach den Erkenntnissen der modernen Medizin schwächten die Folgen der Folter das Immunsystem geradezu dramatisch. Üble Verletzungen durch die Folter und hygienische Missstände setzten die Gefangenen schweren Infektionen und Fieberdelirien aus. Also reflektieren die bis zum Absurden verstiegenen Geständnisse der Delinquenten auch die monatelangen Tagträume, Albträume und Halluzinationen bis hin zu Sex mit dem Teufel – offenbar Vergewaltigungen durch die Wächter. Von solchen Fällen berichtete der Hexenseelsorger Spee. Der Arzt Weyer nannte den Fall einer vermeintlichen Hexe, die vom Gefängniswärter sogar zwei Mal geschwängert wurde. Auch der lothringische Hexenjäger Rémy gab die Vergewaltigung eines Mädchens zu, stellte das aber als Untat des Teufels hin.

In Murau stand ein etwas einfältiger Minderjähriger wegen Hostienschändung, Hexenflügen und Wetterzaubers vor Gericht, nachdem er von seinem desolaten Zuhause ausgerissen und mit einem blinden Bettler durch die Dörfer gezogen war. Beide hatten sich Almosen mit Liedern ersungen. Der Prozess zog sich fast ein Jahr hin – auch über den Winter. Pöllinger sang auch in der trostlosen Haft immer wieder ein Lied, das ihn angeblich der Teufel gelehrt hatte: „Traurig kränken mich die Flöh', die Läus' bringen mich ums Leben. Greif' ich nur hinein, ertapp' ich nur die klein' (Läuse), die großen bleiben sitzen." Der Jugendliche wurde 1664 erdrosselt.

Die Karriere des Henkers

In Graz enthauptete 1696 der Henker eine Kindsmörderin erst mit dem zweiten Schwertstreich. Darob vom Richter angezeigt, behauptete er, der Richtplatz sei so verhext wie einige andere Richtstätten auch. Mit dieser „Hexerei" habe ihm wohl ein Kollege aus Konkurrenzneid einen „üblen Possen" gespielt. Das

Gericht wies diese Rechtfertigung ab, verurteilte den Mann zu drei Tagen Haft und 50 Stockhieben. Noch im selben Jahr wurde er mit der Begründung entlassen, er beherrsche Folter und Exekutionen nicht professionell.

Auf dem Richtplatz in Salzburg ereignete sich 1677 ein ähnliches Drama. Dem Henker gelang die Enthauptung einer Hexe auch erst mit dem zweiten Schwerthieb, als das Opfer besinnungslos auf dem Boden lag. Für diese Fehlleistung fasste er vier Tage Haft bei „geringer Atzung" aus. Eine Weile später sollte er sechs Malefikanten an einen Pfahl binden und erdrosseln. Das aber schaffte er zum Entsetzen der Schaulustigen nur quälend langsam und wurde deshalb entlassen.

Solche Pannen lösten unter den Zuschauern oft Mitleid mit dem Opfer und zuweilen auch Tumulte aus. Deshalb standen die Henker unter dem „Freimannsgeleit" von Bewaffneten, die bei Misslingen einer Hinrichtung den Henker vor tätlichen Angriffen der Schaulustigen schützten.

Für Attacken auf den Henker drohten schwere Strafen. Immerhin übte er ein durchaus schwieriges öffentliches Amt aus. Er musste die Leibesvisitation durchführen, alle Foltergrade und Körperstrafen wie das Abhacken von Fingern oder Händen beherrschen, den „Zwick" mit glühenden Zangen richtig setzen, Delinquenten ohne Zwischenfall entweder am Pfahl oder am Galgen strangulieren und das Schwert sicher führen.

Ob Henker Sadisten waren oder nicht, sei dahingestellt. Faktum ist indessen, dass ihre „Berufsehre" an einer „sauberen" Hinrichtung und natürlich auch am schnellen Erfolg der Folter hing. Henker empfanden es als Schande, wenn sie Gefolterte nicht schnell zum Geständnis brachten. Deshalb konnten sie für das Gericht nicht erkennbar die Folter verschärfen, um den Schmerz zu steigern, und ihre Gehilfen (Folterknechte) entsprechend einsetzen. Vielfach wurden Henker auch von den Angehörigen der Delinquenten geheim bestochen, damit sie alle

„Kunst" aufwenden, um die Exekution schnell zu erledigen. Sie durften sich Mitleid mit ihren Opfern gar nicht „leisten".

In einer ständisch organisierten Gesellschaft galt die Arbeit des Henkers (auch Freimann oder Scharfrichter genannt) im Gegensatz zum ausnehmend ehrenvollen Beruf des Richters als „unehrlich". Immerhin berührte nur er allein die Hexen und Zauberer. Er besudelte sich auch mit ihrem Blut, beides steckte deshalb nur ihn mit „Unehre" an und setzte ihn mit dem „Abdecker" auf der sozialen Leiter unabänderlich auf den vorletzten Platz – vor den Bettlern.

Seine soziale Ausgrenzung kam auch daher, dass der Exekution der Ruch von Vergeltung anhaftete, wogegen die Richter doch nur dem Recht und der Wahrheit dienten und nichts mit der Tötung zu tun hatten. Überdies stellte er sein „unehrliches" Geschäft nach amtlichen Tarifen in Rechnung.

„Gute" Henker waren durchaus Mangelware und daher weitum gefragt. Beispielsweise genoss der Biberacher Henker Christoph Hiert derart hohes professionelles Ansehen, dass sich sein Einsatzgebiet von Nürnberg bis Vorarlberg erstreckte – und seine Reisen „merkliche Unkosten" verursachten. Diese fielen auch an, weil längst nicht jedes Gericht über seinen eigenen Henker verfügte.

Die erhaltenen Abrechnungen vermitteln ein anschauliches Bild über die Einnahmen bzw. Kosten eines Henkers. Im ganz groben Durchschnitt verdiente er für eine Hinrichtung den Gegenwert einer Milchkuh – die Reise- und Quartierkosten für einen „reisenden" Henker und sein Personal noch gar nicht inbegriffen. Das allein kam pro Mann und sein Pferd auf täglich annähernd einen Betrag, für den ein guter Handwerksmeister fast drei Wochen arbeiten musste. Rechnet man alle Gerichtskosten zusammen, dann liefen bei einem Prozess einschließlich Haft, Folter und Hinrichtung Kosten auf, die ungefähr dem Wert von zehn bis 15 Milchkühen entsprachen. Die Jahreseinkünfte eines reisenden „Spitzenhenkers" kamen etwa auf das

Fünf- bis Sechsfache eines Spitzenverdieners unter städtischen Handwerkern. Alle diese Kosten sollten die Verurteilten oder deren Angehörige tragen. Die erdrückende Mehrheit der Opfer waren allerdings arme Teufel, die so gut wie nichts besaßen. Dann fiel die Last der Kosten auf die „Staatskasse".

Soziale Ächtung und Ausgrenzung der Henker bedeutete den Ausschluss aus der Gemeinschaft. Weil das Volk den Henker mied, musste er eine auffällige „Zivilkleidung" tragen, in der Kirche und im Wirtshaus mit einem abgesonderten Platz vorliebnehmen und weit abgesondert vom „ehrlichen" Volk wohnen. Seine Unehrlichkeit vererbte sich sogar auf die Kinder, denen der Aufstieg in ein ehrliches Handwerk verwehrt blieb.

Es zählt zu den psychologisch bedingten Ambivalenzen des Unheimlichen, dass es zugleich abstößt und anzieht – sogar im Fall des Henkers. Er verschaffte sich bei Folterung und Exekution weit überdurchschnittliche Kenntnisse der Anatomie und der Heilkunst. Ihm oblag nämlich auch die Aufgabe, Opfer der Folter zu versorgen und ihre Wunden zu behandeln. Deshalb rückte ihn das unerhört abergläubische Volk in die Nähe zauberischer Heilkraft und suchte bei ihm häufig medizinischen Rat – allerdings möglichst geheim, um ja nicht selbst „unehrlich" zu werden.

Man traute dem Henker auch Wissen über wirksame Methoden zur Abwehr aller Arten von Unheil zu – und diese „Unehrlichen" boten solche Mittel auch zum Verkauf: Holz und Stricke vom Galgen, Kräuter von der Richtstätte und zuweilen sogar Blut und selbst Gliedmaßen der Hingerichteten. Der Henker deckte teilweise den Bedarf der Volksmedizin an zauberischen Mitteln.

Häufig arbeiteten Henker auch als „Abdecker", die Tiere häuten, verendete Tiere sowie Abfall von Metzgern und Gerbern entsorgen und Kloaken reinigen mussten. Schon aus Gründen der Hygiene machte dieser Beruf derart „unehrlich", dass der soziale Aufstieg blockiert blieb.

Naturgemäß wucherte auf diesem Bodensatz auch Magie. Henker und Abdecker kamen ja an „Reliquien" von Hingerichteten oder an tierische Objekte des Aberglaubens, die einen Absatzmarkt fanden. So verkaufte ein Mann im steirischen Gutenhag einem Bauern eine Hand und einen Fuß eines Gehenkten als Zaubermittel, das in das Pferdefutter gemischt für gutes Gedeihen der Tiere bürgte. Mit einer scharfen Verwarnung kam 1681 eine Frau in Oberwölz davon. Sie hatte aus der Haut eines Selbstmörders einen Gürtel angefertigt. Solche „Talismane" galten nach einem uralten Aberglauben als Mittel zur Förderung der Fruchtbarkeit.

Sex mit dem Teufel und Hexenflug

Erstmals tauchte in Österreich 1493 in einem Prozess der Teufelspakt als Bedingung für Schadenzauber auf. Drei Kärntnerinnen heckten einen Mordanschlag auf einen Schlossherrn aus. Sie gestanden vor Gericht, dass sie Gott, allen Heiligen und dem Glauben abgeschworen sowie mit dem Teufel einen Pakt geschlossen und Sex getrieben hätten. Derart gerüstet, durchbohrten sie mit einer Nadel eine Wachspuppe, tauften sie mit teuflischem Wasser und vergruben sie unter der Schlossbrücke – ein klassischer Fall von Analogiezauber: Was man einer Puppe oder einem Bild antut, trifft die gemeinte Person. Dem Schlossherrn passierte gar nichts, die Frauen wurden hingerichtet.

Gegen den Glauben an den Analogiezauber ging bereits Plato vergeblich an: „Wenn Menschen ungewöhnliche, aus Wachs geformte Bilder an Türen oder auf den Gräbern ihrer Eltern finden, so ist es fast unmöglich, sie davon zu überzeugen, dass das nichts zu bedeuten hat."

Vier Gailtalerinnen planten einen ähnlichen Anschlag auf den Pfleger, der nun tatsächlich erkrankte. Da überkam die Frauen eine Mischung aus Reue und Angst vor der eigenen Courage. Also aktivierten sie den Gegenzauber mit geschmiedetem Eisen und vergruben es neben der Puppe, denn Eisen schützt laut Hexenrezepten vor Zauber. Jedenfalls genaß der Pfleger von seiner Krankheit.

Papst Johannes XXII. fand 1317 Analogiezauber nicht lächerlich, sondern teuflisch: „Verschiedene gottlose Personen, die sich dem Teufel ergeben haben, versuchen jenen Menschen, die ihnen verhasst sind, Schaden zuzufügen, indem sie deren Bilder von Wachs oder Blei durchbohren."

Das Problem mit dem Geistwesen Teufel spielte 1615 in Lienz beim Prozess gegen den Wetterzauberer, Landstreicher, Bettler und dreifachen Raubmörder Wolfgang Zellwieser eine Rolle. Der Mann gestand, dass ihn eine Sennerin aus Mittersill gelehrt habe, wie man im Sommer Schneestürme und Gewitter herbeizaubert. Sie habe ihm das vorgemacht und im Sommer mit einem Schneesturm 50 Zentimeter Neuschnee auf den Felber Tauern gezaubert. Der Mann wurde wegen Leugnung Gottes, Wetterzaubers und dreifachen Raubmordes gerädert und dann verbrannt.

Im Verhör beantwortete Zellwieser die Frage, wie denn der Teufel aussehe: „Wie in der Kirche." Der Mann stammte aus Gastein. Tatsächlich zeigen Fresken aus dem 16. Jahrhundert in der Nikolauskirche in Badgastein und in der Pfarrkirche von Hofgastein bizarre Teufel. Doch woher wussten diese Künstler, wie der Teufel ausschaut? Er saß niemandem je zum Porträt oder Akt und führte niemandem seine „Arbeit" in der Hölle vor. Auch die Bibel enthält keine Beschreibung des Teufels (und auch nicht der Engel).

Das erschwerte dem Künstler die Aufgabe, das Geistwesen der Theologen darzustellen. Von diesen erfuhren sie aber, dass auf den Teufel alles zutrifft, was Angst einflößt, Horror hervorruft, schlechthin abstoßend wirkt und in Summe das Gegenteil der Pracht Gottes, seiner Engel und Heiligen sowie des Paradieses ist.

Der künstlerischen Fantasie bot unter anderem schon die „heidnische" Mythologie der Antike genügend Vorlagen; hierzu gehören vor allem die „Satyrn" genannten Wesen – halb Mensch und halb Tier mit Bocksbeinen und zottigem Fell. Man fügte noch die Flügel der unheimlichen Fledermäuse, den Bocksbart, den (heute noch sprichwörtlichen) „Pferdefuß", Hörner, die Krallen fliegender Ungeheuer und die Hauer von Wildschweinen hinzu, und fertig war ein Ungeheuer, das durchaus den Vergleich mit den Horrorfilmen unserer Tage aushält. Mit ins Bild passen noch furchterregende Gerätschaften, mit denen die Teufel ihren Opfern Höllenqualen zufügen.

Zeichnungen von Albrecht Dürer oder Gemälde von Mathis Grünewald und Hieronymus Bosch belegen hinreichend, welch abschreckendes Horrorwesen künstlerische Fantasie zustande brachte. Ihre Bilder der Hölle stellen ein regelrechtes Universum der Qualen dar. Und für die sieben Hauptsünden, die bereits 500 Jahre v. Chr. auftauchten, drohen in der Hölle spezielle Quälereien: für Unzucht, Neid, Zorn, Hochmut, Habgier, Völlerei und Trägheit des Herzens. (Todsünden unterscheiden sich von Hauptsünden durch den absichtlichen und schweren Verstoß gegen Gottes Gebote, weshalb auch Raub, Mord oder Betrug nicht zu den Hauptsünden zählen.)

Als Sinnbild des Teufels und aller dämonischen Kräfte wählte die Malerei auch den Drachen, den der Erzengel Michael und etliche „Wurmheilige" wie Georg oder Margaretha überwanden.

Die Wirkung dieser Darstellungen auf die einfältigen Menschen jener Zeit ist unschwer zu erahnen. Man stelle sich nur die Lebensumstände unter beständiger Bedrohung von Wetterstürzen, Agrarkrisen, Hungersnöten, Seuchen oder Kriegen vor und dazu als Verstärker noch eine theologische Drohbotschaft statt der Frohbotschaft des Evangeliums.

Alle diese imaginären Mittel heiligten den moralischen Zweck, den weitestgehend analphabetischen und hochgradig abergläubischen Menschen klar zu machen, was ihnen blüht, wenn sie vom Pfad der christlichen Tugend abweichen.

In das Bild der Abschreckung passt die biblische Allegorie, dass der Teufel über das „Reich der Finsternis" herrsche. Der Evangelist Markus berichtet von einer Angeberei des Teufels vor Jesus. Immerhin errechneten Theologen im 16. Jahrhundert, dass der Oberteufel ein Heer von sieben Millionen Teufeln befehligt. Kein Wunder mithin, dass sich die Menschen ständig von Dämonenmassen bedroht fühlten.

Ebenso wenig erstaunt es, dass der Teufel noch heute in der Umgangssprache allgegenwärtig ist: Teufelskerl, Teufelskreis, Druckfehlerteufel, Höllenmaschine, Teufelszeug, Satansbraten, Flammeninferno, verteufeln, pfui Teufel, in Teufels Küche kommen, fuchsteufelswild, den Teufel an die Wand malen, sich zum Teufel scheren etc. Zweieinhalb Jahrhunderte nach der Aufklärung mag man dieses Vokabular der gedankenlosen Gewohnheit zuweisen. Sie bestätigt, dass das Erinnerungsvermögen des Menschen kurz, jenes der Menschheit indessen sehr lang ist; dass also die Schäden von Traumata aus tiefer Vergangenheit auch in Jahrhunderten nicht verschwinden.

Dumme Teufel für hässliche Weiber

Im Jahr 1275 gab es keine Boulevardpresse, die sich auf ein gefundenes Fressen hätte stürzen können: den ersten Teufelssex in der Geschichte. Unter Folter gestand eine 56-jährige Toulouserin Sex mit dem Teufel und die horrenden Folgen dieses Liebesabenteuers. Sie habe ein Ungeheuer mit einem Wolfskopf und einem Schlangenschwanz geboren und dieses Wesen mit Kleinkindern ernährt, die sie gestohlen, ermordet und zu einer kräftigen Nahrung aufbereitet habe. Zwar bekam niemand dieses Ungeheuer zu Gesicht, doch die Frau endete auf dem Scheiterhaufen.

Beim Gleichenberger Massenprozess von 1689/90 gestanden 15 von 25 angeklagten Frauen Sex mit dem Teufel und schilderten ihre Erlebnisse sogar ohne Folter oder sonderliche Scheu: Der teuflische Bettgenosse sei ganz kalt gewesen und habe keine Wollust hervorgerufen. Sex mit dem Teufel sei anders als mit einem „christlichen Mann". Einer Frau verging jedoch alle Fleischeslust, weil der Teufel „gar übel wie Aas stinkt, wovon besonders die Augen schmerzen".

In Prozessen anderswo in Österreich gaben Frauen zu Protokoll: Der Samenerguss des Teufels übertreffe den eines irdischen Mannes um das Tausendfache; das teuflische Glied sei wie ein Gänsedarm und kalt; Sex mit dem Teufel schmerze, weil sein Glied hart wie Holz und so groß wie das eines Pferdes ist, weshalb keine Lust aufkommt.

Österreicherinnen beschrieben auch die äußere Erscheinung des teuflischen Sexpartners sehr genau: Der Teufel tritt schwarz oder auch schick gekleidet auf, er hat einen Kuh- und einen Pferdefuß sowie Hörner auf der Stirn. Er spricht wie ein Betrunkener und im Dialekt der Bauern, hat Geißfüße, fährt in Gestalt eines Drachen häufig durch den Schornstein und treibt sogar als rot gekleidete Maus Sex. Wechselweise erscheint der Satan als Katze, Hund oder als Mischling aus Mensch und Bock. Der Teufel spricht „näselnd", hat schadhafte gelbe Zähne, rote Augen, schwarze Finger, Nägel und Zähne und statt der Nase nur Löcher. Eher romantisch ging es in jenem Fall zu, als der Teufel seiner Hexe nachts vor dem Sex mit einer Fiedel aufspielte. Ein anderes Mal verkleidete sich der Teufel als Priester und verübte mit einer Frau „fortgesetzt Ehebruch".

Häufig gefiel sich der Teufel auch in der Rolle des Seelentrösters. Unglücklich verheirateten und armen Frauen versprach er Geld als Liebeslohn. So verleitete er eine Frau in der Oststeiermark zu Sex, „indem er ihre Betrübnis wegen der vielen Schulden ausnützte und ihr viel Geld versprach". Solcher Liebeslohn verwandelte sich aber bis zum nächsten Morgen stets in Pferdemist, Kuhfladen oder Stroh. Eine Frau gab an, dass sie ihr betrunkener Mann arg verprügelt habe. Als sie deshalb sehr weinte, habe sie der Teufel mit Sex im Ehebett getröstet, derweil der betrunkene Mann daneben schnarchte.

Dies alles bekräftigt die Theorie des großen Kirchenlehrers Thomas von Aquin, dass der Teufel in der Sexualität ein besonders lohnendes Arbeitsfeld sehe.

Solche Bettgeschichten mögen uns naiv, lächerlich oder auch harmlos erscheinen. Aber offensichtlich gestanden Beschuldigte auch ohne Folter in der fatalen Annahme, dass ein Seitensprung mit dem Teufel noch lange nicht Hexerei und Schadenzauber sei. Das wussten auch die Gerichte und nutzten das Thema Teufelssex zu Täuschung und Fallenstellerei – wie es der „Hexenhammer" empfiehlt. Die standardisierten Fragenkataloge geben nämlich voyeuristische Neugier preis: Mit dem Teufel gebuhlt? Wann, wo und wie oft? Wie sind sein Penis und sein Same beschaffen? Wollust empfunden? Wie sah er aus?

Sex mit dem Teufel setzt ein Bündnis mit dem Satan und den Abfall von Gott voraus – zwei todeswürdige Verbrechen, weil sich damit ein Mensch zum „Medium" des Teufels für Schadenzauber machte. Der nach allem Anschein oft leichten Herzens eingestandene Teufelssex zog zwangsläufig ein Todesurteil nach sich. Der qualvolle Leidensweg dorthin begann also mit einer Verführung, der nach den Theorien der Hexenjäger und Kirchenlehrer Frauen so leicht erliegen.

Das Volk freilich beeindruckte der Schadenzauber ungleich mehr als teuflische Bettgeschichten: Wettermachen, Krankzaubern, Vernichtung der Ernten oder Katastrophen erschütterten ja die Existenzgrundlage. Dagegen nahmen sich vermeintlich bevorstehende Angriffe riesiger Teufelsheere auf das christliche Abendland geradezu lächerlich aus; es sei denn, solche Truppen wüteten als türkische „Renner und Brenner" in Kärnten, der Steiermark oder dem Burgenland.

Schwerer als „Ehebruch mit dem Teufel" belastete allerdings Sodomie, mit welcher der Teufel Männer zu seinen zauberischen „Medien" verführte. So gestand in den Salzburger Zauberer-Jackl-Prozessen ein 14-Jähriger, dass ihn der Jackl auf eine Kuh gehoben und gesagt habe, er soll ihr ein „Kindl" machen. An eine Hündin habe er sich nämlich aus Angst vor einem Biss nicht gewagt. Der Bub wurde enthauptet. Ein junger Mann bezahlte mit dem Leben den Auftrag des Jackl, Sodomie zu treiben. Das habe er mit 20 Pferden je fünfmal, mit 30 Kühen je dreimal und mit mehr als 100 Geißen je einmal getrieben; Kühe hätten ihm „besser getaugt" als Geißen. Damit er Kühe „besser angehen" könne, habe ihnen der Jackl sogar die Schwänze abgeschnitten. Eine 14-Jährige berichtete, der Jackl habe einen Hund auf sie gelegt. Der habe wohl „genoggelt", sei aber nicht richtig in die Vagina gelangt.

Vollends verbrecherisch war die Teilnahme an einem Hexensabbat auf dem Gaisberg bei Salzburg. Dort pflegten gehörnte Teufel nach dem ungesalzenen Hexenmahl ganz wild zum Hexentanz aufzuspielen. So steigerte sich der Hexensabbat sehr schnell zur wüsten Orgie. Die Tanzpaare wälzten sich schließlich auf dem Boden und trieben Sex – gruppenweise und homosexuell ebenso wie der Vater mit der Tochter und der Sohn mit der Mutter. Ein erhellendes Detail vom Hexensabbat gab eine Frau in Konstanz preis: Der Teufel verschmähe alte Hexen, „schandhässliche Weibsbilder müssen sich mit dem dümmsten Teufel begnügen".

Eine sensationelle Ausnahme der teuflischen Unfläterei sah allerdings kein noch so gebildeter Hexentheoretiker voraus. 1662 gestand nämlich eine Frau in Württemberg, sie habe dreimal mit dem Teufel Sex getrieben, sei aber „mit Gottes Hilfe dabei nicht schwanger geworden".

Wie der Teufel Samen raubt und nützt

Die Dämonologie entwickelte eine Theorie, wie der Teufel als Geistwesen an ein menschliches „Medium" gelangt, damit er Schaden anrichten kann. Die Lösung mutet uns heute abenteuerlich an, war aber damals über jeden Zweifel erhaben: Der Teufel infiziert seine ausersehenen Opfer mit gestohlenem Samen. Je nach Taktik verschafft er sich den Samen als weiblicher „Incubus" (= unten Liegender) und männlicher „Succubus" (= oben Liegender), um Frauen mit hexerischer Kraft zu versehen. Der „Hexenhammer" beweist diesen Vorgang so: „Oft wurden auf dem Feld oder im Wald Hexen auf dem Rücken liegend und mit entblößter Scham gesehen, wie sie mit Armen und Schenkeln arbeiteten. Die Incubi aber wirkten für die Umstehenden unsichtbar." Daraus folgert der „Hexenhammer": „Allen Hexen ist gemeinsam, dass sie mit dem Dämon fleischliche Unflätereien treiben."

Die Vorstellung, wie diese teuflische Praxis funktioniert, entwickelten die Akkader bereits 2300 Jahre v. Chr. Die Fabel dieses Samentransfers wurzelt auch in der alten Talmud-Legende, dass Adam Sex mit einem weiblichen Geist hatte, Sex zwischen Sterblichen und Unsterblichen also möglich sei.

Erheblich präziser wurden dann die Theologen im Hochmittelalter, deren spekulative Theorie der „Hexenhammer" anschaulich ausgestaltete. Demnach dienen die von Natur aus lüsternen Frauen dem Teufel als „Succubi". Sie nehmen den Samen auf, den die teuflischen „Incubi" auf spektakuläre Weise gewinnen: Diese verwandeln sich in weibliche „Succubi", verleiten irgendeinen Mann zu Sex, gewinnen dabei Samen, verwandeln sich zurück in einen „Incubus" und begatten möglichst bald eine Frau, um hexerischen Nachwuchs zu züchten. Eile tut Not, weil dem Teufel „bei solcher Zeugung nur der Akt gegeben ist, nicht aber die Zeugung selbst. Der Same hat nur Zeugungskraft, solange die Wärme der Seele in ihm bleibt. Die Dämonen können ihn zur Frischerhaltung irgendwo so aufbewahren, dass die Lebenswärme nicht entweichen kann."

Bereits zwei Jahrhunderte vor dem „Hexenhammer" beschrieb Thomas von Aquin diesen Samenraub ausführlich und befand, dass die derart gezeugten Teufelskinder eigentlich doch echte Menschen seien. Der „Hexenhammer" lässt der Fantasie erheblich mehr Spielraum: „Der Teufel macht sich an die Hexe heran, um ihr Ergötzung zu schaffen. Ist sie der Schwängerung fähig, dann zögert er nicht, mit (erschwindeltem Samen) zu ihr zu gehen. Ist eine verheiratete Hexe schon durch den Mann geschwängert, so kann der Incubus auch durch Vermischung mit anderem Samen die empfangene Frucht infizieren." Diese teuflische Infektion ist sogar erblich. In jedem Fall ist somit „das Geborene nicht das Kind des Dämonen, sondern eines Menschen." Schließlich bilanziert der „Hexenhammer": „Dämonen unternehmen Unflätereien nicht der Lust, sondern des Verderbens (der Menschen) halber." Dies alles geschieht durch Gottes Zulassung und erlaubt aus Respekt vor der gepriesenen Keuschheit diesen Schluss: „Gott lässt Hexerei lieber an der Zeugungskraft geschehen als an anderen menschlichen Handlungen wegen der Scheußlichkeit des Zeugungsaktes, durch den die Erbsünde (= Befähigung zum Bösen) auf alle Menschen übertragen wird."

Diesen widerwärtigen Akt können Teufel und Hexen sogar noch durch Impotenz stören: Der Teufel „verschließt die Wege des Samens, dass er nicht zu den Zeugungsgefäßen (= Uterus) gelangt. Dadurch wird die Kraft des Gliedes zurückgedrängt, was leichter bei Männern geschehen kann, weshalb sie mehr behext werden als die Frauen. Wenn die Rute (= Penis) sich gar nicht bewegt, sodass der Mann seine Frau nie erkennen (= begatten) konnte, so ist dies ein Zeichen der (sexuellen) Kälte. Wenn sich die Rute aber bewegt und steift, der Mann aber (den Sexualakt) nicht vollenden kann, so ist das ein Zeichen von Hexerei."

Die Theorie dieses komplizierten Samentransports ersetzte physiologisch noch unbekannte Vorgänge mit der theologischen Spekulation. Den gelehrten Theoretikern dieser Besamung darf man derart wilde Spekulationen nicht anlasten. Sie wussten es wirklich nicht besser. Die Wissenschaft von den Lebensvorgängen setzt nämlich ein Mikroskop voraus, das erst im 17. Jahrhundert entwickelt wurde. Erst ab diesem Zeitpunkt konnte sich die Medizin von der Beschreibung und Behandlung von Symptomen lösen und an die Erforschung der Ursachen gehen. Gleichwohl verfolgte Albertus Magnus schon eine bemerkenswerte Spur: Die Frau stoße beim Orgasmus einen zur Fortpflanzung ungeeigneten Samen aus. Aber der Same des Mannes sei stärker und strebe nach formvollendeter Männlichkeit. Setze sich der männliche Same nicht durch, dann entstehe ein „missglückter Mann, nämlich die Frau".

Sexualität nimmt im „Hexenhammer" beträchtlichen Raum ein, weil sie das Bestreben von Teufeln und Hexen fördert, die christliche Welt zu zerstören. Diese Vorstellung beflügelt naturgemäß die Fantasie. Ihr lässt der „Hexenhammer" die Zügel schießen. Beispielsweise: „Sitz der Üppigkeit ist bei den Männern in den Lenden, weil von hier der Same so abgesondert wird wie bei Frauen aus dem Nabel." Oder: „Die Wahrheit, dass sich unter Frauen mehr Ehebruch, Hurerei etc. findet (als bei Männern), wird gezeigt durch die Behexung der Zeugungsorgane."

Auffallend oft bricht im „Hexenhammer" durch, was die moderne Psychiatrie Kastrationsangst nennt: „Manchmal können Hexen einem Mann den Penis so vollständig wegzaubern, dass an dieser Stelle weder Wunden oder Spuren sind, sondern nur glatte Haut ist. Doch kann sich das Glied nach einiger Zeit wieder an seinem Platz befinden." Hexen sind auch unersättlich, denn „von vielen Menschen wurde gesehen und allgemein erzählt, dass sie zuweilen 20 bis 30 männliche Glieder auf einmal in einem Vogelnest oder einem Schrank einschließen". Ein

Mann wandte sich an eine Hexe, damit er wieder an sein weg-
gehextes Glied kommt. Sie befahl ihm, „auf einen Baum zu steigen und aus dem dort befindlichen Nest, in dem sehr viele Glieder lagen, sich eines zu nehmen. Als er ein großes nehmen
wollte, verbot es die Hexe mit dem Hinweis, es gehöre einem
Weltgeistlichen."

Eine Hexe fliegt 8800 Mal zum Teufel!

Die ersten Flugpioniere der Mythologie waren die Griechen
Ikarus und Dädalus. Sie nahmen sich die Vögel zum Vorbild,
klebten Federn mit Wachs zusammen, schnallten sich diese
selbst gebastelten Flügel an die Arme und schwangen sich in
die Lüfte. Leider kamen sie der Sonne zu nahe. Das Wachs
schmolz, die Flügel zerfielen, und der Ausflug endete mit einem
Absturz.

Der Prophet Habakuk verließ sich um das Jahr 600 v. Chr.
nicht auf sein Ingenium. Vielmehr bereitete er in Palästina gerade sein Mittagessen, als ihn ein Engel mit dem Auftrag Gottes
überraschte, das angerichtete Mahl dem hungernden Propheten
Daniel in seiner Löwengrube in Babylon (Mesopotamien) zu
bringen. Sogleich packte der Engel den verdutzten Habakuk
beim Haarschopf und trug ihn samt Mahlzeit durch die Lüfte zu
Daniel und wieder zurück – alles zusammen eine 800 Kilometer
lange Luftfahrt.

Aus dieser biblischen Geschichte schlossen die Hexenjäger
fast zwei Jahrtausende später, gute Geistwesen vermögen durch
„Zulassung Gottes" Menschen durch die Luft zu transportie-
ren; also könnten auch böse Geistwesen wie der Teufel einen
Menschen durch die Luft tragen.

Als eindrucksvollen Beleg dafür zitierten sie das Evangelium
von der Versuchung Jesu durch den Teufel. Er entführte nämlich
Jesus durch die Lüfte auf eine Zinne des Tempels und auch auf

einen hohen Berg. Daraus folgerte der Kirchenlehrer Thomas von Aquin, dass der Teufel alle Menschen durch die Luft tragen könne, weil er das mit Jesus geschafft hat. An diesem Muster strickten die Hexenjäger unermüdlich weiter und zitierten Beispiele aus der heidnischen Antike. Da flogen doch schon um 2200 v. Chr. in Mesopotamien akkadische Hexen sogar ohne Hilfe des Teufels zu ihren Orgien. Auch die griechische Hexe Hekate segelte zumal nachts auf nicht näher beschriebene Art durch die Luft.

Biblische und „heidnische" Mythen hin oder her – in den Köpfen der Hexenjäger mutierten sie zu beweiskräftigen Fakten.

Es nimmt daher nicht Wunder, dass der Hexenflug als Beweis für den Pakt mit dem Teufel in den Hexenprozessen die entscheidende Rolle spielte. Schließlich setzten die Orgien eines alpinen Hexensabbats unbedingt die Hexenfliegerei voraus.

Ziele solcher Hexenflüge waren regional prominente Berge, im damaligen Österreich vor allem der Schlern (Südtirol), die Gerlitzen bei Villach, der Schöckl bei Graz oder der Ötscher in Niederösterreich.

In Lüneburg behauptete 1617 eine 17-Jährige unbefangen die Sensation, sie sei mit dem Teufel über Hamburg, Danzig und das Meer nach Spanien geflogen, wo sie vor dem Rückflug Orangen gegessen und leider auch vom Teufel eine Tracht Prügel bezogen habe. Der berühmte Prediger Abraham a Sancta Clara zitierte 1688 das Bekenntnis einer Hexe, sie sei „mehr als achttausendachthundert (8800!) Mal zu Wohllüsten (sic!) mit dem Teufel geflogen", der leider nur „ausländisch geredet" hat.

Dagegen nehmen sich vorgebliche Hexenflüge von Gleichenberg auf den Schöckl oder den Stradner Kogel und Landungen von Kärntner Hexen auf der Gerlitzen ziemlich bescheiden aus.

Flugsalben und Hexenkräuter

Von Flugsalben ist schon in der römischen Literatur des 2. Jahrhunderts die Rede.

Die Hexenfliegerinnen gestanden unter Folter ziemlich einheitlich, sie hätten sich die vom Teufel aus Fett und giftigen Kräutern gemixte Salbe unter die Achsel sowie möglichst tief in den Mastdarm und in die Scheide geschmiert. Diese besonders resorptionsfähigen Flächen nehmen „Flugsalben" sehr schnell auf. Das rückte naturgemäß wiederum Frauen in das Visier der Hexenjäger – erst die Hebammen, die laut erfolterten Geständnissen das Fett aus gekochten Kleinkindern oder Föten gewinnen, und dann die kenntnisreichen „Kräuterweiber", die dieses Fett mit Zauberkräutern zur Flugsalbe aufbessern. Damit standen Kräuterkundige im Zwielicht eines bösen Verdachts. Denn von der geheim gehaltenen Dosierung ihrer Mixturen hing die Wirkung ab: Heilen oder Vergiften.

Die pharmakologische Erkenntnis, dass erst die Dosis das Gift wirksam macht, verdanken wir dem berühmten Paracelsus (1493–1541), der als Kind seiner Zeit auch dem Hexenglauben anhing, einige Zeit in Villach verbrachte und in Salzburg starb. Einem seiner Rezepte mit dem „Schlaf erzeugenden" Nachtschatten mischte er noch zwei Verstärker bei: Mohn mit dem betäubenden Opium-Alkaloid Morphin und Schierling, dessen Alkaloid Conin das Gefühl eines Gleitfluges vermittelt.

Neben Mohn und dem Gefleckten Schierling eigneten sich noch andere Pflanzen als Beigaben der Hexensalbe. Die Alkaloide der Mandragora (Alraun) erzeugen narkotisierende Halluzinationen und spielten in der Magie eine bedeutende Rolle; beispielsweise wirkten sie auch positiv als Schutz gegen Verhexung, als Glücksbringer und als Guckloch in die Zukunft. Das Atropin der sehr giftigen Tollkirsche führt zu Delirien mit heiteren oder auch erschreckenden Visionen, zu Halluzinationen, zum Gefühl des Fliegens und zum Angstzustand, von Gespenstern verfolgt zu werden. Stark verdünnt steigert es in winzigen Mengen sexuelle Erregung. Auf die Augenlider getropft, erweitert es die Pupillen und heißt daher auch „Belladonna" (schöne Frau).

Gleiches bewirkt das Atropin im Bilsenkraut, einem Nachtschattengewächs, das als „Schlafkraut" zu den ältesten Schlaf- und Beruhigungsmitteln zählt. Atropin lähmt auch den Willen – aus Sicht der Hexenjäger etwa zum Widerstand gegen den Teufel.

Zu den wichtigsten Beigaben der Hexensalbe zählte der hochgiftige Stechapfel. Als Rauschmittel wurde er um das Jahr 1420 entdeckt, gegen Ende des 16. Jahrhunderts tauchte er in Kräuterbüchern auf. Er bringt bis zu 20.000 Samen zur Reife, von denen bereits 16 für den Menschen tödlich sind. Seine Alkaloide steigern die Potenz und rufen Sinnestäuschungen, erotische Träume sowie sexuelle Erregung hervor.

Die gescheiterten Flugtests

Bereits im 16. Jahrhundert sind „Flugtests" mit Flugsalben dokumentiert. Vor honorigen Zeugen rieben sich Hexen damit ein, fielen alsbald in Schlaf, schlugen im Traum manchmal so heftig um sich, dass sie aus dem Bett fielen und sich Platzwunden zuzogen, erwachten nach Stunden wieder und behaupteten dann zum Gelächter der Zeugen fest und steif, dass sie sehr wohl zu einem Hexensabbat geflogen seien.

Hexenjäger und Dämonologen hebelten freilich die Beweiskraft gescheiterter Flugtests mit dem Argument aus, dies alles sei eben eine Vorspiegelung des Teufels. „Diabolus ex Machina" also wie der antike „Deus ex Machina" („Gott aus der Maschine"), der dann aufzutreten pflegte, wenn ein Drama in eine Sackgasse geraten ist.

Kein Geringerer als Andreas Lacuna, immerhin Leibarzt Kaiser Karls. V., schrieb bereits 1540, dass Hexensalben zuerst besinnungslos machen, dann aber derart lebhafte und wirre Vorstellungen erregen, dass sie die Fliegerinnen hinterher als wahre Begebenheiten erzählen.

Der italienische Physiker Gianbattista della Porta, ein engagierter Kritiker des Hexenwahns, enttarnte 1553 in seiner aufsehenerregenden „Magia Naturalis" die verblüffenden Taschenspielertricks von Gauklern als natürliche Physik und beschrieb auch die Wirkung einer Flugsalbe: „Erst wüste Feste, welche einem entfesselten Jahrmarkt gleichen. Sie münden in erotische Zügellosigkeiten ein, auf welche das Erwachen und ein ungemütlicher ‚Kater' folgen. Alles in allem sind das Träume der Hexen auf ihren Fahrten und ihren Sabbaten."

Um Jahrhunderte zu spät kamen allerdings die wissenschaftlichen Tests der Hexenfliegerei.

Beispielsweise rieb sich der deutsche Wissenschafter Siegbert Frerkel 1954 mit einer „Flugsalbe" die Brust ein, fiel in tiefen Schlaf und beschrieb hinterher sein Erlebnis: „Aus dem Dunkel schwebten mir Gesichter zu. Ich schwebte mit großer Geschwindigkeit aufwärts und über der Stadt. Die Gestalten, die mich schon im Zimmer bedrückt hatten, begleiteten mich auf dem Flug durch die Wolken. Immer mehr kamen hinzu und begannen, um mich herum Reigen zu tanzen. Die Zeit kroch im Schneckentempo dahin. Am nächsten Morgen meinte ich, zu neuem Leben erwacht zu sein."

Auch der deutsche Volkskundler Will-Erich Peuckert unternahm 1960 so einen Selbstversuch. Er mixte sich nach alten Rezepten die „Flugsalbe", bestrich damit Schläfen und Achseln, verfiel in einen rauschähnlichen Schlaf und durchlitt wilde Träume. Vor seinen Augen tanzten grauenhaft verzerrte Gesichter. Plötzlich überkam ihn „das Gefühl, als flöge ich meilenweit durch die Luft. Der Flug wurde wiederholt durch tiefe Stürze unterbrochen. In der Schlussphase schließlich kam das Bild eines orgiastischen Festes mit grotesken sinnlichen Ausschweifungen."

Nur zu offenkundig ist der Hexenflug eine von Kräutergif-
ten hervorgerufene Halluzination. Diese hängt nicht vom bewussten Vorstellungskreis des Individuums ab, kommt somit
aus dem Unbewussten und unterscheidet sich darin von der Illusion.

Unter Halluzinationen litten Hexen und Zauberer allerdings
auch nach schwerer Folter und unter den unsäglichen Bedingun-
gen der Haft – mit schweren Fieberträumen und ohne Hexensalbe. Sie schilderten nämlich dem Gericht, dass ihnen bei
Nacht häufig der Teufel erschienen sei, mit dem sie wilden Sex
getrieben hätten. Warum sie dann der Teufel nicht aus der Haft
befreit habe, wusste allerdings niemand zu erklären – außer mit
der Behauptung, das alles sei nur „teuflische Vorspiegelung".

Fakten sind
„teuflische Verblendung"

Der deutsche Philosoph Georg W. F. Hegel (1770–1831) lehrte, dass jeder Fortschritt über aufgelöste Gegensätze schließlich zur absoluten Weltvernunft führe. Eine Anekdote erzählt, dass ihn einer seiner Studenten einmal fragte, was wohl geschehe, wenn diese Theorie nicht mit überprüfbaren Tatsachen übereinstimme. Hegels lapidare Antwort: „Umso bedauerlicher für die Tatsachen."

Es wäre gewiss vermessen, einen Zusammenhang zwischen Hegel und den doktrinären Dämonologen und Hexenjägern herzustellen. Allerdings brachten auch sie überprüfbare Tatsachen keineswegs von ihrer Sicht der Dinge ab. Und so kam es zu verblüffenden Vorfällen.

Wegen angeblicher Brandlegung am Hof ihrer Großeltern stand 1729 im Mühlviertel Sybilla Wenigweiserin vor Gericht. Sie gestand, dass es auf diesem Hof „geistert", weil ihre Großmutter eine Hexe sei, mit Ratten und Mäusen zaubere, die Milchleistung ihrer Kühe durch das Verfüttern von Hostien steigere und aus einem Tuchzipfel Milch melke. Unter Folter bekannte sie Teufelssex, Teilnahme an Hexentänzen und dass sie ihre vier Kinder dem Teufel verschrieben habe. Also geriet auch ihre Tochter Maria in die Fänge der Justiz. Sie behauptete sogar, dass sie ein Teufel geschwängert habe, doch sei das „Ergebnis frühzeitig eingetroffen". Den Fötus habe sie im Garten verscharrt.

Das Gericht ließ sich nun zu einer ungewöhnlichen Erhebung der Tatsachen herab und die genannte Stelle im Garten aufgraben. Man entdeckte eine verdächtig aussehende Kröte (ein teuflisches Tier!), die mit einem Stock aufgespießt worden war, angeblich verendete, nach drei Tagen wieder lebte und erst eine Woche später einging – also ein teuflischer Vorgang. Auch fand man etwas, das „wie ein geselchter Haring aussah". Dass der Fötus fehlte, focht die beigezogenen Experten nicht an. Sie

115

entschieden, dass die Fundstücke eben teuflischen Ursprungs seien und als Beweis genügten. Sybilla, Maria und ihre Geschwister endeten daher auf dem Scheiterhaufen.

Extremfälle dieser Art zwischen dämonologischen Theorien und eindeutigen Tatsachen tauchten auch andrenorts auf. Da gestanden in Franken fünf Frauen unter Folter, dass sie ein gerade beerdigtes Kind ausgegraben und zu Hexensalbe verkocht hätten. Der Ehemann einer dieser Frauen setzte einen Lokalaugenschein durch. Also wurde das Grab im Beisein des Pfarrers und einiger angesehener Bürger geöffnet – und der unversehrte Leichnam des Kindes entdeckt. Der Richter wertete aber diesen Fund als eine „teuflische Verblendung" und entschied, dass das Geständnis der Frauen schwerer wiege als der Augenschein, und er verurteilte die Frauen zum Feuertod.

In Fulda gab eine Frau unter Folter zu, sie habe das tot geborene Kind einer Nachbarin zu Hexensalbe verarbeitet. Die Erhebung der Fakten förderte allerdings eine Groteske ans Licht: Die Nachbarin hatte nie eine Totgeburt erlitten. Die Gefolterte gestand zudem, dass sie mit der Hexensalbe aus der Totgeburt auch ihren Mann umgebracht habe. Ihn hatte allerdings Jahre vor der Zubereitung der Hexensalbe ein umstürzender Wagen erschlagen. Schließlich bekannte sie, dass sie die Hexensalbe in einem Döschen in ihrem Haus verwahre. Bei der Nachschau des Gerichts entpuppte sich das Döschen als Topf voll frischer Kirschenmarmelade. Trotzdem wurde die Frau zum Tod verurteilt.

Ein Schweizer Bauer gestand gar Sodomie mit Gämsen. Das Gericht erörterte erst gar nicht, wie denn der Mann eine Gämse habe fangen und für diesen Exzess ruhigstellen können. Er wurde exekutiert. Ebenso erging es einem Mann, dem das Gericht vorgeworfen hatte, „Hühner auf der Stange" vergewaltigt zu haben. Der Angeklagte dagegen: „Ist nicht möglich, weil man da nicht hinaufkommt." Er wurde trotzdem wegen Hexerei hingerichtet.

Der Zauberer Jackl löst Panik aus

Im Jahr 1675 brach über Salzburg die Zauberer-Jackl-Hysterie herein, mit 139 Opfern binnen sechs Jahren die weitaus größte Hexenhatz im Gebiet des heutigen Österreichs. Diese Tragödie begann ziemlich harmlos. Die Mesner in den Kirchen zwischen Golling und Vigaun hatten nämlich gemeldet, dass die Opferstöcke im Vergleich zu den Vorjahren erheblich weniger Münzen enthielten. Sie entdeckten in den Opferstöcken Vogelleim und schlossen daraus richtig, dass Diebe dünne Gerten mit Vogelleim bestreichen und damit die Opferstöcke durch den Schlitz ausfischen. Für Diebstahl verlor der Täter damals eine Hand und in ärgeren Fällen sogar den Kopf.

Häscher erwischten 1675 auf so einem Fischzug die sichtlich verwahrloste, auffallend magere 50-jährige Bettlerin Barbara Kollerin und warfen sie in das Gefängnis auf Schloss Golling. In der Keuche öffnete sie auf unerklärliche Weise die Handschellen und das Türschloss. Als dann eine Magd die Beobachtung meldete, dass der Teufel die Kollerin in Gestalt eines Hasen oder Affen begleitet und sie sich abends völlig nackt zur Ruhe gelegt habe, wurde der Pfleger hellhörig und nahm die Frau ins Verhör. Mit in dieses verdächtige Bild passten auch die Angaben von Bauern, dass die Kollerin auf ihren aggressiven Betteltouren das Volk mit ihrem großen „gefrorenen" (= unverwundbaren) Hund einschüchtere. Das Volk fürchtete, dass dieses angeblich überaus bissige Tier sein Frauerl gegen erzürnte Bauern oder bewaffnete Häscher erfolgreich verteidigen könnte.

Verdächtig machte die Kollerin allein schon ihre Herkunft: Tochter eines Abdeckers, Witwe eines Abdeckers und vergeblich auf der Suche nach dem Job eines Abdeckers. Weil somit ohne jede Chance auf sozialen Aufstieg, hielt sich die Kollerin mit angriffslustiger Bettelei über Wasser. Zeugen beschrieben sie als bösartig, diebisch und scharfzüngig.

Alsbald wurde sie zur peinlichen Befragung nach Salzburg überstellt. Unter Folter gestand sie Diebstähle aus Opferstöcken und dass sie mit ihrem Hund Schmiere gestanden sei, wenn ihr ungefähr 20-jähriger Sohn Jackl mit Komplizen Opferstöcke ausfischte. Auch gab sie zu, in die Gegend von Golling ein zweistündiges Gewitter gezaubert zu haben, das Korn, Kraut und Weizen großteils vernichtete. Der Pfleger bestätigte auf Anfrage, dass zum angegebenen Zeitpunkt tatsächlich ein schweres zweistündiges Gewitter an den Feldfrüchten schweren Schaden angerichtet habe. Sie gestand auch geradezu massenhaften Wetterzauber in Unterkärnten, im Raum Gurk und im Lungau. Durch Ausstreuen von Stupp (= Zauberpulver) habe sie im Tennengau Haustiere getötet und zehn Personen aus Rache dafür krank gezaubert, dass man ihr die Almosen Brot, Schmalz und Strümpfe verweigert hatte.

Zudem wurde sie von Zeugen schwer belastet: Weil ein Bauer der Kollerin ein Nachtlager verweigert hatte, kündigte sie ihm an, dass sie ihn „löz" (= krank) machen werde. Tatsächlich erkrankte der Mann angeblich an verzaubertem Essen und Getränk und starb dreieinhalb Wochen später.

Schließlich gestand die Kollerin auch, dass sie vor zwölf Jahren Gott, allen Heiligen und dem christlichen Glauben abgeschworen, vom Teufel eine Taufe empfangen, Hostien geschändet, den Teufel angebetet und mit ihm sogar noch in der Keuche in Salzburg Unzucht getrieben habe.

Das reichte für ein Todesurteil: Erdrosseln und anschließendes Verbrennen, zuvor aber noch ein „Zwick" mit einer glühenden Zange in die Brust. Zwei Zangenzwicke erließ ihr der Erzbischof gnadenhalber.

Alarmierend wirkte für die Obrigkeit, dass die Kollerin die Unterweisung ihres Sohnes Jackl in den Hexenkünsten zugegeben und ihre aggressive Bettelei mit jugendlichen Komplizen betrieben hatte. Als dann in Großarl ein halbwüchsiger Bettler aufgegriffen wurde und gestand, dass er eben erst mit dem Jackl zusammengetroffen sei, begann die Großfahndung nach diesem offenkundig sehr intelligenten, gerissenen Naturtalent in Psychologie und trickreichen Taschenspieler. Die Obrigkeit erklärte den „Zauberer- und Hexenmeister und Jugendverführer" Jackl für vogelfrei, setzte ein Kopfgeld aus und ließ zu Trommelwirbel in jedem Dorf seine „Deskription" sowie ein besonderes Detail bekannt machen: Er trage ein schwarzes Käppl, mit dem er sich unsichtbar macht. In die Netze der Justiz gingen allerdings nur verdächtige „Zauberbuben" und schließlich ganze Familien.

Sie erzählten wahre Wunderdinge über den Jackl: Er könne einen großen Heuwagen samt Pferden verschlucken, sich mit einer Zaubersalbe unsichtbar machen oder in einen Baum verwandeln. Er sei imstande, Geld herbeizuzaubern, doch wenn er es verschenkt, verwandle es sich in Stroh oder Kuhmist. Einen Bettelbuben nahm der Jackl mit zu einer Luftfahrt auf einer Gabel, dabei machte er Wetter und traf in der Luft mit dem Teufel zusammen, mit dem er „ausländisch" redete. Milch, Butter und Schmalz zaubere der Jackl herbei, indem er das Messer in die Wand stecke und den Teufel ausschicke, der in einem Fall aus einem Umkreis von 75 Kilometer binnen 24 Stunden 13 Kilogramm Butter herbeigeschafft haben soll. Der Jackl flog nach Salzburg, machte sich unsichtbar, spazierte durch die Ämter und sah den Beamten über die Schulter in Prozessdokumente, um zu erfahren, was man gegen ihn ausheckt.

Der Jackl ist nur von 11 bis 12 Uhr sichtbar

Wie tief sogar die dünne Bildungsschicht vom Hexenwahn durchtränkt war, dokumentieren die Folgen dieses Geständnisses: Von 11 bis 12 Uhr und während der Karwoche kann sich der Jackl nicht unsichtbar machen, weil zu dieser Zeit alle Teufel in der Hölle sein müssen. Daraufhin wies die Obrigkeit alle

Pfleggerichte an, nach dem Jackl nur zwischen 11 und 12 Uhr zu fahnden. Diesem Beispiel folgte sogar die alarmierte Obrigkeit in Bayern und Oberösterreich.

Erfolterte Geständnisse fügten sich zum bedrohlichen Bild, dass der Jackl junge Bettler um sich schart, um die Bettelei wirkungsvoller zu organisieren. Jackls rasant anwachsender Ruf als Zauberer und „Verbrecherfürst" übertraf daher schon bald die kriminelle Bedeutung seiner Gaunereien.

Von „Zauberbuben" erfolterte Geständnisse brachten noch andere Untaten ans Licht wie Schändung von Hostien, Beschmieren von Kreuzen und Heiligenbildern mit Kot und Schmähungen der Madonna mit wüsten Schimpforgien. Sie beschrieben auch, wie sie der Jackl mit einem Messer „märkte" und mit Blut aus dieser Wunde den Teufelspakt in einem dicken Buch unterzeichnete. Auch lehrte sie der Jackl das Wettermachen.

Den „Gemärkten" genügte es bereits, auf dem blanken Boden mit den Händen herumzuwischen, und schon rollte der Donner. Das gleiche Ergebnis erzielte eine Frau, die mit einem Besen, den ihr der Teufel geschenkt hatte, den Boden kehrte. Ein Zauberbub zeichnete einen Kreis in den Boden, stellte sich mit dem linken Bein innen und dem rechten außen auf, hob die Hände und „wünschte" ein Gewitter – prompt brach es los. Ein anderer besaß einen verteufelten Würfel, und wenn er ihn rollen ließ, blitzte es auch schon. Und ein dritter Zauberbub warf eine vom Teufel zugesteckte Kugel in die Luft, sagte tausendmal „Sakra", und das Gewitter zog auf. Einer verriet sogar die Formel, mit der er Gewitter wieder abstellte: „Casera mossa, casera mossa, balaschi." Das klingt für das Landvolk eindrucksvoll, weil „ausländisch". Casera ist altertümlich italienisch für Käserei oder Kaser (= bayerisch für Alm), mossa (von muovere) heißt bewegt oder angetrieben, und balaschi ist ein Fantasiewort aus dem Zaubervokabular.

Allerdings vermitteln die Protokolle auch eine Ahnung vom Elend des Bettlerdaseins. Sie nennen die Salinen in Hallein, die

fürstlichen Hofstallungen (heute Festspielhaus) und eine Ziege-
lei in Salzburg-Maxglan als beliebten Treffpunkt der Zauberer
im Winter, erklären aber nicht den Grund dafür: Dort konnten
sich die armen Teufel notdürftig wärmen.

Der panischen Obrigkeit entwischte das Phantom Jackl immer wieder, obwohl sie schließlich die Kopfprämie um das
Zwanzigfache auf den Wert von 200 Kühen steigerte. Aber das
Volk wagte den Zauberer Jackl nicht zu verraten, die Angst vor
seiner Rache durch Schadenzauber wog die verlockende Kopfprämie auf.

Die Zauberer-Jackl-Hysterie brachte von 1675 bis 1681 in
Salzburg 198 Personen wegen Zauberei und Hexerei vor Gericht. 133 von ihnen verfielen dem Henker, fünf erlagen den
Qualen der Folter und der Haft, einer wurde bei der Überstel-
lung nach Salzburg zu Tode geschleift. 39 der Hingerichteten
waren zwischen zehn und 14 Jahre alt, insgesamt 92 oder zwei
Drittel im Alter unter 21 Jahren. Mit zwei Ausnahmen waren
alle Exekutierten Bettler und gut zwei Drittel der Hingerichteten Männer.

Diese Zahlen unterstreichen, dass Fürsterzbischof Max
Gandolf von Kuenburg (1668–1687) zwar die Landplage der
aggressiven und kriminellen Bettelei ausrotten wollte. Noch
wichtiger war ihm aber das Ziel, die Jugend zu schützen – wie
unzureichend auch immer –, kreidete man doch dem Jackl besonders an, die Jugend vom Glauben abzubringen.

Die Hauptfigur dieser Prozessserie blieb allerdings ein Phantom: Der Zauberer Jackl verschwand spurlos, niemand weiß,
wann und wo er starb. Gleichwohl verklären ihn Sagen bis
heute.

Hexenjäger plündern ein Land aus

Das Fürstentum Liechtenstein wuchs erst 1712 aus den Grafschaften Vaduz und Schellenberg zusammen. Beide wurden von 1613 bis 1699 von den (Vorarlberger) Hohenemser Grafen regiert und stehen an Brutalität und Intensität der Hexenhatz einzigartig in der europäischen Geschichte: Von rund 3000 Einwohnern wurden zwischen 1648 und 1680 mindestens 200 hingerichtet, im Durchschnitt je zur Hälfte Frauen und Männer. Ebenso einzigartig ist die Tatsache, dass die krassen Rechtsverstöße und die Willkür der Obrigkeit schließlich sogar den Kaiser derart empörten, dass er zum Schutz der Untertanen einen Fürsten absetzte.

Das kleine Land schlitterte zu Beginn des 17. Jahrhunderts über eine Serie von Krisen in den Niedergang. Im Krieg zwischen den Habsburgern und Graubünden wurde es von beiden Parteien ausgeplündert, hinzu kamen Missernten, Pest und die Auswirkungen des Dreißigjährigen Krieges. Obendrein ritten die Hohenemser Grafen das Land mit ihrer Prunksucht und Verschwendung hoffnungslos in Schulden und leisteten der sozialen Verwilderung derart Vorschub, dass die Rechtssicherheit widerwärtiger Willkür wich und die Finanzkrise dieses kleinen Landes zu einer beispiellosen Herrschaftskrise eskalierte.

Die finanzielle Gier der Hohenemser und ihrer Beamten traf die Bevölkerung mit solch verheerender Wucht, dass die Obrigkeit die Wut über ihre Misswirtschaft 1648 auf einen Sündenbock ablenkte – auf die Hexen. Das Volk verlangte Schutz vor Hexen und Zauberern, und die Obrigkeit samt Richtern und Beamten versprach sich von der Hexenhatz beträchtlichen finanziellen Gewinn. Die große Mehrheit der Opfer dieser Hexenjagd waren nämlich keineswegs bettelnde Habenichtse. So überschwemmte eine Welle von Denunzierungen das Land – natürlich auch motiviert von Neid, Gehässigkeit und Rache für Gezänk zwischen Nachbarn. Beflügelt von der Angst, in die Fänge der Hexenjäger zu geraten, entstanden regelrechte Banden von Denunzianten, denn wer anderen zuvorkam, verschaffte sich zumindest eine Atempause.

Die Obrigkeit tat sich an hemmungslosen Konfiskationen gütlich und versilberte auf einem regelrechten Markt, was sie an Realbesitz von den Opfern der Hexenjagd und ihren Angehörigen nur zusammenraffen konnte. Beamte und Gerichtspersonal zogen Verfahren in die Länge, um mehr Taggelder und Gebühren zu kassieren. Das war allerdings noch harmlos im Vergleich zu den Konfiskationen in diesem Land mit lediglich 3000 Einwohnern. Beispielsweise brachte so ein Raubzug allein im Jahr 1648 den Gegenwert von 480 Pferden ein. Und ab 1662 scheffelten diese Blutsauger binnen 14 Jahren eine Summe, die dem Wert von 201 Kilogramm Gold entsprach.

Den Grad der Willkür dokumentieren auch krasse Verstöße gegen die Vorschrift des Reichsrechts, dass „durch Konfiskation der Güter von Hingerichteten die Frau und die Kinder nicht an den Bettelstab gebracht werden dürfen". Trotzdem verloren die Witwe eines Hingerichteten und ihre acht Kinder das auf acht Jahresgehälter eines städtischen Schuldirektors taxierte Vermögen; man requirierte auf ihrem Hof sogar noch das Holz zum Verbrennen ihres Mannes und auch den Wein, mit dem die Beamten und Henker die gelungene Hinrichtung begossen. Oder: Ein Mann starb unter der Folter, seine Angehörigen mussten das Pferd für den Transport zum Grab stellen sowie eine Kuh und Geld im Wert von 135 Milchkälbern bezahlen.

Der Kaiser greift persönlich ein!

Das Ende der Hexenhatz des Hohenemser Landesfürsten Ferdinand bahnte sich an, als einer denunzierten Frau die abenteuerliche Flucht aus dem Gefängnis im Schloss Vaduz nach Feldkirch glückte, wo sie einen Notar über die Vorgänge in ihrer längst als „Hexenland" verschrienen Heimat informierte. Noch wies Ferdinand empört das Begehren zurück, die Prozessakten von einer juridischen Fakultät prüfen zu lassen. Aber kurz darauf riskierte ein mutiger Pfarrer Kopf und Kragen, weil er sich vom „Hexenland" aus über die Regierung in Innsbruck in einer Petition an den Kaiser Leopold I. wandte, darin die Rechtsbrüche der Hexenjäger darstellte und ihn darum ersuchte, doch einzugreifen: Eine kaiserliche Kommission solle Ordnung schaffen, die Hexenprozesse seien von einer Universität zu überprüfen, aller konfiszierte Besitz müsse zurückgegeben werden, und der Kaiser möge das Volk und die Geflüchteten nach ihrer Heimkehr beschützen.

Gleich diesem Pfarrer protestierte auch der zuständige Diözesanbischof von Chur beim Kaiser gegen anhaltende Konfiskationen. Sogar Graf Ferdinands jüngerer Bruder beschwerte sich beim Kaiser, dass der Landesherr ein „lästerliches und höchst ärgerliches Leben mit täg- und nächtlichem Schwärmen, Völlerei und Toben" führe und die Untertanen aussauge. Das genügte.

Der Kaiser reagierte 1681. Er verbot dem Grafen Ferdinand jeden weiteren Prozess und ernannte den Fürstabt Bodmann von Kempten zum kaiserlichen Kommissar. Damit war Ferdinand de facto abgesetzt – ein beispielloser Vorgang in der Historie der europäischen Hexengeschichte. Bodmann erzwang in Vaduz die Herausgabe aller Prozessakten und beauftragte die juristische Fakultät in Salzburg mit einem Gutachten. In Vaduz begriff der Hexenrichter Prügler, der eben noch 20 Todesurteile gefällt hatte, den Ernst der Lage und flüchtete ohne Familie Hals über Kopf in die Schweiz.

Die Salzburger Juristen legten 1682 ihr erwartungsgemäß vernichtendes Rechtsgutachten vor: Sämtliche Prozesse sind rechtswidrig, alle Urteile daher ungültig; in den Protokollen fehlen Angaben über Folter, Urteilsfindung, Hinrichtungen und den Verbleib der konfiszierten Werte; Protokolle wurden nachträglich gefälscht; die Obrigkeit verfolgte nur ihre Interessen; Zeugen wurden als Gerichtsbeisitzer eingesetzt.

Das Gutachten stellte die Hexenjustiz nicht in Frage und beschränkte sich auf Verfahrensmängel und Auswüchse. Doch da steht über Folter: „Nichts ist so grausam, als den Menschen, das Ebenbild Gottes, auf der Folter zu misshandeln und gleichsam zu zerfleischen." Ganz besonders stellt das Gutachten die „grausame und unchristliche" Quälerei mit dem „Spanischen Fußwasser" heraus. Außer in Vaduz erlitt nirgendwo im Reich jemand diese Folter: Das Opfer wird an einen Stuhl gefesselt, seine gestreckten Beine werden weit gespreizt, mit Hölzern zwischen den Sprunggelenken in der Form eines Dreiecks fixiert und die Beine mit einer Seilschlinge um die Knie in eine X-Position gezwungen, die je nach Bedarf verstärkt werden kann. Das war nach den Aussagen einer derart Gequälten „ein erschreckliches Torment und ein solcher Schmerz, dass ihr gleich alle Sinne vergingen (= Bewusstlosigkeit)".

Der de facto abgesetzte Graf Ferdinand behinderte aber noch immer nach Kräften die Arbeit der kaiserlichen Kommission und setzte sogar die untersagten Konfiskationen fort. Also ließ ihn Fürstabt Bodmann 1683 festnehmen und in Schwaben einsperren – abermals ein einzigartiger Vorgang in der Hexengeschichte. Drei Jahre später starb Ferdinand in Haft. Die Rückgabe der konfiszierten Güter zog sich hin, bis endlich 1699 aus Geldmangel im verrufenen „Hexenland" ein Kompromiss mit den Hinterbliebenen der Opfer zustande kam: Sie begnügten sich mit dem halben Wert. Diese von Hexenwahn und Geldgier heraufbeschworene Krise führte schließlich 1712 zum Übergang der Territorien Vaduz-Schellenberg von den Hohenemser Grafen an das Haus Liechtenstein.

Basisdemokratische Hexenhatz

Das erschütternde Gegenbeispiel zu Liechtenstein bietet das Prättigau, ein breites Tal an der Südseite des Rätikon parallel zum Montafon. Hier löste massiver Druck von unten eine beispiellose Hexenhatz aus. Sie folgte dem bekannten Muster, dass sich die bäuerliche Bevölkerung durch vermuteten Schadenzauber in ihrer Existenz bedroht fühlt und von der Obrigkeit hartes Durchgreifen fordert: Hexen müssen unnachsichtig aufgespürt und hingerichtet werden.

Das Prättigau kaufte sich 1652 von der Herrschaft Österreichs frei und schloss sich Graubünden an. Bis dahin hatte die zuständige Regierung in Innsbruck Ausbrüche von Pogromen stets rigoros unterdrückt und dem Druck von unten standgehalten. Doch 1652 organisierte sich das Prättigau nach dem schweizerischen Modell der Basisdemokratie. Daher übten auch vom Volk gewählte Personen die uneingeschränkte Gerichtsbarkeit aus. Sogleich brach eine wilde Hexenjagd los, der bereits zwischen 1652 und 1660 mehr als hundert Menschen zum Opfer fielen – mehr als während der gesamten Hexenverfolgung im benachbarten Vorarlberg. Naturgemäß sind aber gewählte „Volksgerichte" ungleich mehr dem Druck von unten ausgesetzt als unabhängige Richter. Auch waren juristische Kenntnisse kein Kriterium für die Wahl dieser „Volksrichter".

Zwar dämmerte den Prättigauern schon 1657, dass durch gesetzeswidrige Hexenjagd „ehrlichen Personen Unrecht" geschehe. Diese Einsicht zeitigte aber keine Mäßigung, wie ein Fall von 1665 belegt. Ein „Volksrichter" und seine Geschworenen verurteilten von drei anonym denunzierten Frauen nur eine zum Tod und ließen die beiden anderen laufen. Daraufhin verweigerte das empörte Volk dem „Volksrichter" die Wiederwahl, und der Nachfolger urteilte wieder mit der geforderten Schärfe. Das galt auch für den willkürlichen und ungehemmten Einsatz der Folter. Erst das Eingreifen des Kardinals Albizzi, der eben erst die Folgen des Hexenwahns in Köln erlebt hatte, milderte langsam diese Exzesse.

„… in Gott selig entschlafen"

„Über Tote nur Gutes (reden)." Diesen großmütigen römischen Spruch übernahm auch das Christentum. Also formulierten gute Christen diese Inschrift auf einem marmornen Epitaph an der Pfarrkirche von Radkersburg: „Hier ruhet in Gott der woll edle und gestrenge Herr Johann Wendtseisen, der fierstlich Eggenbergischen Herrschaft Oberradkersburg gewester Verwalter, welcher den 28ten Martii des 1680 Jahrs in Gott selig entschlafen. Gott verleihe ihme und allen christglaubigen Seelen eine fröhliche Auferstehung." Ihrer zuteil werden wohl auch mehr als 50 Menschen, die Hexenrichter Wendtseisen im Grenzgebiet von Ungarn, Steiermark und Krain (heute Slowenien) zum Tod verurteilt hat. In der Geschichte steht der Jurist Wendtseisen sowohl als Österreichs gnadenlosester Hexenjäger wie auch als zwielichtiger Charakter.

Bei der Regierung in Graz erwarb er sich Anerkennung, weil er sie in Steuerfragen erfolgreich vertrat – für massive Bestechung. Hingegen vertrieben ihn die Bürger von Radkersburg wegen Korruption und Spesenschinden aus der Stadtverwaltung. Dennoch rückte er 1671 zum amtlichen Hexenjäger auf. Er nützte alle juristischen Tricks, die Verfahren in die Länge zu ziehen und auf dem Umweg über gewaltig wachsende Prozesskosten seine Spesenabrechnungen aufzubessern. Auch ließ Wendtseisen so gnadenlos foltern, dass etliche seiner Opfer während dieser Quälerei starben. 1672 setzte er an die 40 Personen in derart elende Haft, dass sie „über Haufen beieinander liegen und des üblen Gestanks wegen fast krepieren müssen". Als Geistliche gegen derart verheerende Haftbedingungen protestieren, erwirkt er von der Regierung den Befehl, solche Interventionen zu unterlassen.

Beispiele dokumentieren auch, dass Wendtseisen zwar Prozesse in die Länge zog, dafür aber im Detail „sparte". So erlitt eine Frau auf dem Scheiterhaufen endlose Qualen, weil das Holz jung, feucht und billiger war als trockenes und schlecht brannte. Ein andermal fühlte sich ein Henker derart schwach und krank, dass er „arbeitsunfähig" war. Deshalb wurden ein „Bub und ein zufällig anwesender Straßenkehrer" als Folterer engagiert, aber wegen professioneller Inkompetenz durch einen slowenischen Henker ersetzt, der freilich wegen Kurzsichtigkeit sein Opfer weder an den Brandpfahl schmieden noch das Lauffeuer zum Pulversack am Hals des Opfers entzünden konnte.

Auch nicht zimperlich, wenngleich aus völlig anderen Motiven, ging ein Jahrhundert früher der ehemalige Soldat Jakob Bithner vor, ein evangelischer Theologe aus Sachsen. Ihn betraute die steirische Regierung 1570 mit dem Amt des Landprofosen (nach unserem Sprachgebrauch etwa Chef der Militärpolizei), damit er im Land mit Tausenden Landstreichern, Bettlern, fahrenden Betrügern und zumal marodierenden Söldnern gründlich aufräume. Alsbald erweiterte aber Bithner seine Jagd von diesem sozialen Strandgut des Dreißigjährigen Krieges auf „andere schädliche Personen, die sich als Ehrlose dem Diebstahl, der Zauberei und dergleichen Lastern sowie gänzlich dem Müßiggang hingeben und im Land umherziehen".

Besondere Aufmerksamkeit schenkte er den Betrügereien von Schwindlern und Zauberern am abergläubischen Volk in Krain. So fasste er beispielsweise in Marburg einen Mann, der einem Henker einen „Kristall" abgehandelt und der Frau eines Richters mit der Behauptung angedreht hatte, dass man damit in die Zukunft sehe. Dieser Betrüger handelte auch mit den als Glückstalisman begehrten Henkerstricken, lehrte die Kunst des glücklichen Sex und beriet jedermann für gutes Geld, wie man nicht bestohlen und nicht gefangen wird.

Bithner warf der Justiz vor, solche „Zauberer" für eine Geldstrafe laufen zu lassen, statt sie hinzurichten. Deshalb nehme dieses Gesindel auch überhand. Auch erbosten ihn regelrechte Wallfahrten zu einer „Kristallseherin", die angeblich wusste, wie man eine Schatzsuche anstellt. Ihrer halbwüchsigen Tochter hatte angeblich ein Apotheker eine Zaubersalbe auf die Hand gestrichen, und prompt sah das Mädchen auf einem Daumennagel einen Geldtopf, den ein Teufel mit seinen Klauen festhielt.

Mit solchen Beispielen schloss Bithner die Landstreicherei mit Hexerei und dem Teufelspakt kurz und profilierte sich damit als Hexenjäger. Als gläubiger Protestant bekämpfte er den Aberglauben im Volk und in einem Aufwaschen auch gleich die Heiligenverehrung und den Wunderglauben der Katholiken. Das bekam ihm nicht gut: Die Gegenreformation kostete ihn 1599 das Amt, und er musste das Land verlassen.

Hexen zaubern Flöhe nach Wien

Bagatellen und Kuriositäten im Stil des „heiteren Bezirksgerichts" beschäftigten die Justiz zuweilen auch schon zur hohen Zeit des Hexenwahns. In Hainburg wurden 1617 und 1618 angeblich zwischen 40 und 90 Hexen und Zauberer hingerichtet. Dokumentarische Nachweise fehlen. Sicher ist nur, dass die Stadtschreiberin von Hainburg des Wetterzaubers beschuldigt wurde: Sie gieße im Namen aller Teufel ein Krügel siedendheißen Wassers aus, und schon entstehe Reif. Was an Fakten fehlt, malte dann 1618 ein Wiener Flugblatt aus, die „Warhafftige newe Zeyttung". Sie vermerkte das Geständnis einiger Hainburger Hexen, mit Ungeziefer, Mäusen und Heuschrecken die Felder missliebiger Nachbarn verdorben sowie – „warhafftig" sensationell – einmal in 45 Schaffen Unmengen Flöhe nach Wien hineingezaubert zu haben.

Beleidigungen, Ehrabschneiderei, Verwünschungen, Drohungen und Zank zwischen Nachbarn gingen auch damals eher glimpflich ab – es sei denn, die für Hexerei besonders empfänglichen Richter schöpften den so genannten „Vermutungsverdacht" als hinreichendes Indiz für Festnahme und Folter. Derlei Gezänk provozierte geradezu reflexartig auch anonyme Denunziation von Vorgängen, die ein Richter wie im Fall Hainburg als Schadenzauber deuten konnte. Dann freilich gerieten „Beschriene" nur allzu leicht in die erbarmungslose Maschinerie der Justiz.

Beispiele dafür sind aus ganz Österreich belegt – und bereits aus der Antike.

Der Naturwissenschafter Plinius berichtet von einem Mann, der auf seinem „sehr kleinen Acker viel reicheren Ertrag hatte als sein Nachbar auf größeren Äckern. Daher verdächtigten ihn Neider dringend, dass er durch Zauberkünste fremde Früchte an sich ziehe."

Nach diesem Muster empört sich eine neidische Bäuerin, dass die Nachbarin mit zwei Kühen mehr Milch und Butter zustande bringt als sie mit ihren sechs. Sind nun beide einander nicht grün, dann steckt eben Milchzauber dahinter.

Ein andermal schimpft eine Frau ihre Nachbarin aus nichtigem Grund eine „hexerische Hur'", worauf aber ihre Hühner weniger Eier legen als jene der Nachbarin. Klarer Fall also von Rache für die Schmähung durch Schadenzauber.

Ein Tischlermeister verbockt seinen Auftrag, schiebt die Schuld aber seinem Gesellen zu und wirft ihn unter den neugierigen Augen der Nachbarn mit rüder verbaler Begleitmusik hinaus. Vor Zorn bebend, schüttelt der nun arbeitslose Geselle seine Fäuste und schreit: „Das wirst du noch bereuen!" Drei Wochen später erkrankt der Tischlermeister. Für Zeugen und Gericht ist die Sache eindeutig: Krankheitszauber aus Rache.

Häufig kommt auch das „Erkrumpen" vor Gericht. Irgendjemand hinkt plötzlich wegen eines dafür typischen „Hexenschusses", oder er geht wegen eines Ischias-Anfalls plötzlich „krump". Niemand enträtselt die Ursache dieser Gebrechen, aber man hat die zeitgemäße Erklärung: Da hat jemand das Zauberpulver „Stupp" vor die Haustür oder auf den Weg gestreut, und wer darübergeht, wird „krump". Ein klarer Fall also von Schadenzauber.

Wehe aber, wenn ein Hagelschlag die erntereifen Felder eines von zwei verfeindeten Bauern zerstört, aber jene des anderen nicht! Das ist eindeutig Schadenzauber aus Gehässigkeit.

Solche Beispiele machen überdeutlich, dass dem höchst abergläubischen Volk die gelehrten Theorien der Theologen und Juristen über den Ursprung von Hexerei und Zauberei ziemlich egal waren. Pakt und Sex mit dem Teufel, Hexenflug und Hexensabbat boten zwar reichlich Stoff für Schauergeschichten und Gruselmärchen, aber es interessierte das einfache Volk nicht, ob der Teufel oder der Kuckuck hinter dem Schadenzauber steckt. Ihm kam es allein darauf an, den Schädling dingfest zu machen.

So setzte sich sehr leicht das gemeinschaftliche Ratespiel in Gang: Wer hielt sich ohne erkennbaren Zweck an bestimmten Orten oder im Wald auf? Wer verhielt sich irgendwie auffällig oder abweichend von den sozialen Gebräuchen? Schlich jemand zur Unzeit durch das Dorf, um ein Gebäude, über ein Feld oder in den Wald? Wer hat irgendjemanden nicht nur übel beschimpft, sondern übel bedroht? Oder wer hat gar gegen wen Verwünschungen ausgestoßen?

Kurzum, wer so in „üblen Leumund" geriet, erregte Verdacht.

Im Altertum wucherte „Schadenzauber" durch Verwünschen sogar im Sport: „Ich nenne euch Unterweltgöttern die Namen der Männer und Pferde, die (im Wagenrennen) stürzen sollen." Solche Unterweltgötter müssten auch „im Amphitheater den Vincentius bannen, damit er (im Tierkampf) den Bären nicht fesseln kann". Deshalb bestimmte Kaiser Valerian, dass sich niemand – etwa „ungeschickte Wagenlenker" – an seinen Verwünschern rächen dürfe, sondern sie vor Gericht bringen müsse.

Statt Doping also Verhexen als Methode, um Erfolg im Sport zu erringen.

Aber selbst in unserer aufgeklärten Zeit gibt es noch Rituale, um jemandem die Suppe zu versalzen oder befürchtete Nachteile abzuwenden: Man überkreuzt während des Gesprächs hinter dem Rücken Zeige- und Mittelfinger.

Priester verfallen dem Hexenwahn

In Südfrankreich gestand 1329 ein Karmeliter den Inquisitoren schlichtweg Unglaubliches: Er habe Wachsbilder angefertigt, mit Gift, Speichel und Krötenblut gemischt, dem Teufel geopfert und Frauen unter die Türschwelle gelegt, um sie für Sex zu gewinnen. Dreimal habe das auch funktioniert. Das Gericht verfuhr mit ihm gnädig, weil er Mithäftlinge ausgehorcht und denunziert hatte. Er wurde vom Scheiterhaufen zu ewiger Haft bei Wasser und Brot und in eisernen Fesseln begnadigt.

Die Hexentheoretiker behaupteten zwar, dass die Hüter der weltlichen und geistlichen Ordnung gegen Hexerei immun seien. Das schloss freilich nicht aus, dass Priester dem Hexenwahn zum Opfer fielen. Auf sie traf nämlich eine uralte „Medizinmann"-Vorstellung zu: Geistliche stehen im Bund mit überirdischen Kräften, mit deren Hilfe sie sehr wohl auch Schaden stiften könnten. Zudem hatten selbst Lesekundige bis zu Luthers Bibelübersetzung in das Deutsche 1545 keinen Zugang zur Heiligen Schrift, weil sie nur in Latein vorlag, der Universalsprache der Gelehrten und der dünnen Bildungsschicht. Davon verstand das Volk kein Wort und missverstand daher auch die geheimnisvollen Wandlungsworte „Hoc est enim corpus meum" (das ist mein Leib) als Zauberformel „Hokuspokus". Das Volk blieb daher auf die Deutungsmacht der Geistlichen angewiesen.

Geistliche konnten somit dem Hexenaberglauben des Volkes verfallen. Verstehen sie sich auf das Bannen der Hexen und die Austreibung von Teufeln, dann müssten sie wissen, wie Hexerei und Teufelei funktionieren; also könnten sie vielleicht selbst „zaubern". Wer vermag zu prüfen, ob ein Pfarrer nicht die lateinischen Formeln der Wettergebete, des Wettersegens, der Taufe oder der Krankensegnung in Schadenzauber umkehrt?

Die Exekution des fast 80-jährigen Bramberger Pfarrers Rupert Ramsauer und seiner wenig jüngeren Köchin Eva Neideggerin wegen Wetterzaubers im Jahr 1575 dokumentiert das auf dramatische Weise. Seit Jahren hatten schwere Unwetter im Oberpinzgau gewütet. Im verzweifelten Bauernvolk wucherten immer wildere Gerüchte, dass die Neideggerin Wetterzauber betreibe. Der Beweis: Seit nämlich sie und der Pfarrer Saalbach verlassen haben, gebe es dort keine Wetterschäden mehr.

Im Juni 1574 verheerte abermals ein Hagelschlag den Oberpinzgau. Nun rotteten sich Bauern aus dem ganzen Tal zusammen und forderten die Verhaftung der Neideggerin und auch des Pfarrers. Dieser war in die Schusslinie geraten wegen der angeblichen Behauptung, dass er zwar Wetter machen könne, damit aber niemandem schade. Absurde Gerüchte gingen um: Der Pfarrer habe im Zimmer einen Hagelschlag hinter dem Ofen hervorgezaubert; stets flögen zwei schwarze Vögel den Gewittern voran – der Pfarrer und die Köchin.

Die Behörde beugte sich dem wachsenden Druck von unten, um Aufruhr zu verhindern. Unter Folter bekannten Pfarrer und Köchin schließlich Wetterzauber. Die Neideggerin verriet sogar ihr Rezept: Sie habe Abfälle von Flachs und Menschenhaar in Wein gekocht und diesen Sud auf eine Wiese geschüttet, und schon zog ein Gewitter auf. Hervorragend in das bekannte Bild der „Dorfhexe" passte der Vorwurf des Mesners, die Neideggerin sei „ein bös, grimmig, rachsüchtiges Mensch, das die meiste Weil zornig ist und flucht".

Diesen Kriminalfall blies Wochen später ein Vorläufer unserer Boulevardzeitungen auf, die Wiener „Warhafftige newe Zeyttung", die ohne Datum als Flugblatt erschien und reißenden Absatz fand. Der unbekannte Autor verarbeitete allerdings unglaubliche Gruselgeschichten vom Hörensagen.

Da heißt es: Der Zauberpfarrer Ramsauer trug der Neideggerin auf, einen Besen aus Weizenähren zu binden und sieben Getreidespeicher auszukehren, dann werden diese Speicher mit Weizen gefüllt. Die Köchin verwendete dafür aber Tannenreisig, und plötzlich waren diese Speicher voll Tannen. Dann schickte sie der Pfarrer mit einem Kästchen nach Jochberg (knapp südlich von Kitzbühel), damit sie es dort öffne. Prompt krochen zwei Teufel in der Gestalt von Schlangen heraus und inszenierten ein so arges Gewitter, dass „die Leute meinten, es kommt der Jüngste Tag". Dem Gericht gestand der Pfarrer, dass er die Wetterzauberei von einem fahrenden Studenten gelernt und dafür den Preis für zwölf Ochsen erlegt habe. Dann machte er mehrere Wetter, die aber keinen Schaden anrichteten. Das bedauerte er, und flugs besuchte ihn der als Bauer verkleidete Teufel. Der Pfarrer führte ihm zwei fürchterliche Gewitter vor, die aber keinen Schaden anrichteten.

Die „Zeyttung" fabulierte weiter: Abermals kam der Teufel und ersetzte dem Pfarrer die Kosten für die Lehre des Studenten. Nun aber glückten ihm verheerende Gewitter. Als Lohn brachte ihm der Teufel dann für jedes Gewitter je nach deren Verheerung Geld im Wert zwischen zwölf und 20 Ochsen. Das ärgste Gewitter machte der Pfarrer in Gastein, wo „ganze Dörfer, große Häuser und alle Brücken weggerissen und viele Frauen und Kinder zu Witwen und Waisen wurden und eine gewaltige Not ausgebrochen ist". Deshalb wurden der Pfarrer und seine Köchin in Mittersill verbrannt. Im letzten Augenblick vor dem

Anzünden tauchte nochmals der Teufel auf und bot dem Pfarrer die Rettung vor dem Feuer an, wenn er ihm seine Seele verschreibt. Das lehnte der Pfarrer ab.

Informationen dieser Art durch Flugblätter erfolgten häufig und erklären, dass sich solche Schauergeschichten in Windeseile verbreiteten. Und diese wurden felsenfest geglaubt, bis hinauf in die dünne Bildungsschicht.

Pfarrer Agricolas erschütterndes Los

Nicht minder erschütternd ist das Schicksal des oststeirischen Pfarrers Georg Agricola. Eine denunzierte Hexe gestand 1673 unter Folter, sie habe in der Oststeiermark mit ausnehmend häufigen Gewittern, schweren Hagelschlägen und Wirbelstürmen „viele Weingärten verdorben und die Feldfrüchte ruiniert". Sie gab die Namen von 25 Komplizinnen preis und behauptete, dass ein bestimmtes Feldkreuz der beliebte Hexentreff und Zauberplatz sei. Dort habe auch Pfarrer Agricola stets Wetter mitgezaubert.

Daraufhin ließ der Bischof von Seckau den Pfarrer Agricola in geistliche Haft nehmen und von mehreren Geistlichen verhören. Die Anschuldigungen reichten von Wetterzauber – unter anderem Vergraben einer Hostie, damit Kälte und Reif entstünden – über Schwängern seiner Haushälterin bis zu Kartenspiel und Schimpftiraden. Der Fall kam wegen des zähen Gezerres zwischen geistlicher und weltlicher Gerichtsbarkeit vor den Kaiser, der nun entschied, dass sich eine geistliche Kommission des Falles annehme. In den Verhören bestritt Agricola jede Schuld, und die meisten Belastungszeugen gaben zu, ihre Aussagen unter schwerer Folter gemacht zu haben. Eine Zeugin sagte, man habe ihr die Belastung Agricolas mit der Drohung abgepresst, dass sie mit glühenden Zangen gezwickt und so schwer gereckt würde, dass die Sonne durch sie scheine.

Zwei Jahre nach dem Anlassfall ordnete der Salzburger Fürst-erzbischof als übergeordnete Instanz des Bistums Seckau an, dass fünf Geistliche den Pfarrer Agricola peinlich befragen. Von 14-monatiger Haft geschwächt und schwer krank, brach der 61-jährige Priester zusammen, als man ihm die Folterwerkzeuge vorführte. Er gestand unter anderem Wetterzauber, Teilnahme am Hexensabbat und – besonders belastend – die Taufe von Kindern im Namen des Teufels. Wenige Tage später starb Agricola in Haft. Damit aber alles seine juristische Ordnung habe, dekretierte Salzburg die Exkommunikation des Verstorbenen. Nach theologischer Lehre überantwortete ihn die Kirche mit dieser Verstoßung der ewigen Verdammnis.

Glimpflicher verliefen zwei Fälle in Oberwölz. Mit einer Tracht Prügel und der Vertreibung aus Oberwölz endete dort 1590 die mehrfache Drohung eines besonders eifrigen neuen Pfarrers an die lutherischen „Ketzer" in seiner Gemeinde, er wolle mit ihnen derart üble Possen treiben, dass sie ihr Leben lang daran dächten. Als dann mehrere Gewitter Ernteschäden anrichteten und der Pfarrer zu allem Überfluss auch noch eine weitere Missernte in Aussicht stellte, beschuldigten ihn die Bauern des Wetterzaubers und verprügelten ihn. Die Obrigkeit sah allerdings keinen Grund, den Pfarrer vor Gericht zu stellen. Er kam mit einer Versetzung davon.

76 Jahre später gestand ein Bettelbub mehrere Hexenflüge zusammen mit dem Oberwölzer Pfarrer. Die Lösung dieses kniffligen Falles brachten die Gutachten dreier Juristen, die dem Buben Einfalt bescheinigten, weshalb sein Zeugnis zu verwerfen und der Delinquent zu entlassen sei. Gleichwohl behielt ihn das Gericht noch 23 Monate in „Untersuchungshaft", ehe es ihn auspeitschen ließ und des Landes verwies.

Dass Geistliche entgegen der Theorie ganz und gar nicht gegen Hexerei immun sind, belegt 1655 das Ersuchen eines steirischen Juristen an den Kaiser um „Abstellung der in Schwung gekommenen großen Laster", als da sind: Zauberei, Gotteslästerung, Ehebruch, Abtreibungen, Hoffart, Wucher, Völlerei und Glücksspiel. Dramatischer Höhepunkt der Klage: „Die Zauberei nimmt so überhand, dass Geistliche nicht dagegen predigen dürfen, weil sie dann von Zauberern krumm und lahm gemacht werden."

Seltener Zugriff auf Prominente

Auffallend selten vergriffen sich die österreichischen Hexenjäger an Prominenten, obwohl sie den Gerichten die willkommene Chance geboten hätten, die Prozesskosten einzutreiben. Das gilt zumal für Anna Neumann (1534–1623). Sie stieg in sechs Ehen von der Tochter eines Villacher Bürgers in die Hocharistokratie auf und galt als reichste Frau Österreichs, die freilich auch in den Verdacht der Hexerei geriet.

Neumanns außergewöhnliche Ehe-Karriere begann als Herrin von Wasserleonburg nahe Arnoldstein und verschaffte ihr schließlich die reiche Herrschaft Murau. Eine erstaunliche Kombination von Motiven führte dann Regie, als die wieder einmal verwitwete Neumann 1616 im Alter von 82 Jahren einen 32-jährigen Spross des Fürstenhauses Schwarzenberg ehelichte. Der betagten und kinderlosen Braut lag es daran, einen würdigen Erben zu finden, der junge Bräutigam versprach sich von der Ehe mit einer „Oma" annehmlichen Wohlstand, und die Obrigkeit interessierte sich dafür, dass die Herrschaft Murau in ebenso würdige wie loyale Hände kam.

Weil ihr fünf Ehemänner weggestorben waren, dichtete das abergläubische Volk der Neumann eine „weiße Leber" an, eine Art hexerischen Todeskuss für Männer. Schwerer wogen indessen die Beschuldigungen, die mächtige Herrin auf Schloss Murau zaubere ganz gezielt Unwetter, um die Ernten der Bauern zu zerstören und den Gewinn aus ihren verschonten Getreidefeldern zu steigern. Aber kein Richter wagte es, Hand an sie zu legen.

Wasser auf die Mühlen des „üblen Leumunds" leitete eine uralte Wetterhexe aus Metnitz: Die Neumann habe sie für Lebensmittel angestiftet, derart gezielte Unwetter herbeizuzaubern. Abermals rührte kein Richter auch nur einen Finger, stattdessen griff sich die Justiz die angeblich bestochene Wetterhexe und ließ sie ertränken. Eine regelrechte Serie gleicher Beschuldigungen kämpfte Neumann in Ehrenbeleidigungsprozessen nieder. Sie starb nach sieben Jahren ihrer sechsten Ehe im ehrwürdigen Alter von 89 Jahren, ihrem verwitweten Gemahl hatte die „weiße Leber" augenscheinlich nicht geschadet.

Übel erging es hingegen 1675 der schönen, aber manisch-depressiven Katharina Paldauf, Mutter von drei Kindern und Ehefrau des einflussreichen Pflegers auf der Riegersburg, dem stärksten Bollwerk in der oststeirischen Festungskette zur Abwehr der Türken. Sie geriet in den Sog der Feldbacher Prozesse, die 1672 nach schweren Hagelschlägen begonnen hatten und mit 17 Hinrichtungen von Wetterhexen endeten. Verhaftete denunzierten die Paldauf nämlich unter Folter des Wetterzaubers, der Teilnahme an Hexensabbaten, der Unzucht mit Teufeln und eines Kindsmordes. In den Verhören bestritt Paldauf diese Vorwürfe wütend und verfiel zeitweise in Tobsucht. Unter Folter gestand sie schließlich, „Müßiggang und das gute Leben" hätten sie zu diesen Verbrechen bewogen. Auch denunzierte sie nicht weniger als fünf Geistliche, die allerdings freigesprochen wurden. Sie wurde hingerichtet. Ihr Mann konnte sie davor nicht bewahren, denn ohne Urteil hätte das Gericht bei ihm nicht die Prozesskosten im Gegenwert von 15 Zuchtochsen eintreiben können. Gleichwohl lebt Katharina als sagenhafte „Blumenhexe" weiter. Der „Leumund" schwärzte sie nämlich wegen Zauberei an, weil sie angeblich im Winter frische Blumen zog – für das naive Volk ein unerhörter Vorgang.

Kaiserliche Gnade für einen Wüstling

Dem betuchten steirischen Grafen Christoph Alban von Saurau wurde 1647 sein ganz und gar nicht aristokratisches Verhalten zum Verhängnis. Dieser ungeschlachte Grobian pflegte Minderjährige zu vergewaltigen und erwürgte sogar einen unbotmäßigen Bauern. Die kritische Masse für die Justiz ergab allerdings erst Zauberei. Angeblich hielt er sich einen Teufel in einem Glas. Noch schwerer wog der Umstand, dass er den Namen eines Vetters auf einen Zettel geschrieben und diesen mit einem Nagel durchbohrt habe, um den Vetter aus dem Weg zu räumen – ein klassischer Fall von Analogiezauber, durch den man jemanden auf dem Umweg über ein Symbol schädigt.

Das wurde den verschreckten Verwandten nun doch zu bunt. Sie verklagten ihn wegen Zauberei, Blutschande, Mordes und Vergewaltigung, das Gericht verurteilte ihn zum Tod. Das wiederum erschien dem Kaiser zu arg. Er kassierte das Urteil und ordnete ein neues Verfahren an. Der Graf behielt sein Leben, allerdings im Kerker bis zu seinem Tod neun Jahre später.

Im Zug der Gegenreformation erregte die engagierte Protestantin Benigna Gräfin von Khevenhüller 1631 den Unwillen des katholischen Hofs in Graz, weil sie ihrem Gesinde zugemutet hatte, an einem Feiertag Mist auf die Felder zu fahren. Außerdem behinderte sie auch den Kirchgang ihrer Radkersburger Untertanen, indem sie just zum Zeitpunkt des Gottesdienstes Steuern einhob. Deshalb unterstellte man ihr später auch eine Provokation der Kirche. Den Ausschlag für einen Prozess gab freilich ein noch schlechterer „Leumund": Sie treibe es mit dem Teufel, fresse Kinder und halte einen Liebhaber mit Zauber bei der Stange. Das hätte für ein Todesurteil gereicht, doch der Ausgang des Verfahrens ist unbekannt.

Allerdings genügte ungleich Harmloseres für den Verdacht auf Zauberei, wie das Beispiel des angesehenen Salzburger Universalgelehrten, Richters und erfolgreichen Buchautors Dr. Martin Pegger belegt. Er gehörte dem fürsterzbischöflichen Höchstgericht an. Aber intrigante Kollegen unterstellten ihm 1582 Amtsmissbrauch. Unheil stiftete allerdings erst ein Mann, der unter Folter Peggers Ehefrau als Hexe denunzierte. Sie wurde verhaftet. Eine Durchsuchung von Peggers Haus förderte nun höchst verdächtiges Beweismaterial zutage: Sagen aus ganz Mitteleuropa, Bücher über Mythen und Aberglauben – kurz Themen, denen sich Pegger aus wissenschaftlichem Interesse widmete. Das reichte für seine Verhaftung. Trotz Folter bekannte das Ehepaar nichts.

Das Gericht hätte also gesetzeskonform das Verfahren einstellen oder wenigstens im Zweifel für die Angeklagten entscheiden müssen. Mit Rücksicht auf das Aufsehen, den dieser Fall erregt hatte, gebot es nun die politische Klugheit, das Verfahren ruhen zu lassen und das Ehepaar Pegger dem Vergessen zu überlassen, nämlich der kirchenrechtlichen „Damnatio memoriae" (= Zerstörung der Erinnerung). Nach Jahren starben beide vergessen im Kerker. Das Begräbnis entsprach aber penibel ihrem „Leumund": Pegger fand seine letzte Ruhestätte in geweihter Erde, seine Frau aber nur außerhalb des Friedhofs.

Frauen in Hosen sind Ketzerinnen

Für das Tragen von Hosen und Männerkleidung kam 1607 eine Kärntnerin mit einer Tracht Rutenstreichen davon. Sie hatte nämlich in zweckmäßiger Männerkleidung in einem Türkenkrieg mitgefochten – allerdings auch mit einem Gebet für erfolgreiche Schatzsuche kleine Betrügereien verübt. Dafür habe sie sich dem Teufel verschrieben, der ihr als Pfand eine Zehe ausgerissen habe, sagte sie. Weil ihr aber keine Zehe fehlte, wertete das Gericht diese Geschichte als Angeberei. Anstößig war also nur das Tragen von Hosen.

Als Beweis für Ketzerei bildete das Tragen von Hosen auch das Scheinargument für den klassischen Justizmord an der Jungfrau Johanna von Orléans (1412–1431). Erscheinungen des Erzengels Michael sowie der Märtyrerinnen Katharina und Margaretha bewogen dieses analphabetische, doch offenkundig charismatische Bauernmädchen zum Aufruf, Frankreich im Hundertjährigen Krieg endlich von den Engländern zu befreien. Sie sammelte Truppen um sich, entsetzte mit ihnen 1429 – als 17-Jährige! – die eingeschlossene Stadt Orléans, schlug anschließend noch ein englisches Heer und führte Karl zur Königskrönung. Hinterher ging sie aber den mit London verbündeten Burgundern in eine Falle, wurde gefangen genommen und einem Bischof ausgeliefert – einem Vertrauensmann der Engländer. So kam sie auf die von den Engländern besetzte Burg von Rouen und wurde vor einem von Franzosen gebildeten kirchlichen Inquisitions-Tribunal der Ketzerei und der Teufelsverehrung angeklagt. Ihre Hinrichtung durch die Engländer stand ohnehin von vornherein fest.

Doch bedurfte es einer infamen Inszenierung, um diese Nationalheldin im Volk zu diffamieren: Ausgerechnet ein Gutachten der Universität Paris wertete ihre Erscheinungen von Heiligen als teuflische Vorspiegelung und deren Verehrung als ketzerischen Götzendienst. Im widerwärtig geführten Verhör kam zur Sprache, was später in Hexenprozessen zur voyeuristischen Routine wurde: War der Erzengel Michael nackt, als er ihr erschien und sie umarmte, fühlte er sich warm oder kalt an, berührte er sie am Unterleib? Als heidnischen Verstoß gegen Gottes Gesetze kreidete man ihr vor allem an, dass sie immer Hosen und Männerkleidung trug.

Mit einem Betrug, den später der „Hexenhammer" allen Hexenrichtern empfehlen sollte, wurde Johanna hineingelegt: Sie gehe frei, wenn sie eine Erklärung unterschreibt, die sie nur zum Tragen von Frauenkleidern verpflichtet. Als Analphabetin erkannte sie nicht, dass man ihr stattdessen das Geständnis aller unterstellten Verbrechen und das Urteil auf ewige Haft unterschoben hatte. Sie zeichnete das Dokument ab und blieb in Haft. 1431 wurde sie aus der Kirche verstoßen, ihren englischen Feinden ausgeliefert und im Alter von nur 29 Jahren von diesen öffentlich verbrannt.

25 Jahre später ließ der Papst den Prozess für nichtig und die Hinrichtung für verbrecherisch erklären. 1920 wurde Johanna heilig gesprochen und ihr Todestag zum französischen Nationalfeiertag erklärt.

Tricks mit dem Teufelswahn

Wie zielsicher Gauner, arbeitslose Landsknechte, Herumtreiber und Heiratsschwindler den Teufelswahn zu ihrem Vorteil auszubeuten wussten, beschreibt die 1678 veröffentlichte deutsche Studie „Was von Hexenbekenntnissen zu halten ist". Demnach lief dieses Geschäft immer nach dem gleichen Grundmuster ab: Clevere Betrüger nahmen den Namen bekannter Familien an oder nannten sich nach „populären" Teufeln, die sich Hexen unter Namen wie „Federwisch", „Belzebock", „Bartl", „Falke", „Kaspar" oder „Luzifer" vorgestellt hatten. Als Teufel landeten diese Gauner auf Anhieb mit Sex oder brachten als Heiratsschwindler das Geld gutgläubiger Frauen durch und verdufteten dann spurlos. Wurden solche Gauner dennoch erwischt, dann behaupteten sie unverfroren, der Teufel habe sich ohne ihr Wissen hinter der Maske ihrer Person versteckt, um arglose oder einsame Frauen zu verführen. Das entsprach vollauf den Lehren der Kirche, dass derlei eben durch „Gottes Zulassung" geschehe.

Folgerichtig nahm 1608 sogar das Reichskammergericht (= Höchstgericht) in Speyer solchen Mummenschanz mit diesem Erkenntnis für bare Münze: „Der Teufel kann auch die Gestalt eines Gerechten annehmen." Das dokumentiert, wie sehr selbst gelehrte Juristen von Hexenhysterie angesteckt waren. Woher sollten sie es auch besser wissen? Sicher nicht von den angefeindeten Kritikern des Hexenwahns, die gegen den Zeitgeist anschrieben. Immerhin war der Teufel eben erst in Bayern eingesperrten Hexen als Kapuziner erschienen und hatte ihnen verboten, andere Hexen zu verraten.

In diesem Zusammenhang fällt in den Protokollen der Hexenprozesse auch auf, dass sich der Teufel mit Vorliebe und Erfolg als Seelentröster von Frauen in unglücklichen Ehen anbiederte und sie im Bett beglückte.

Auf dem Höhepunkt der Gegenreformation in Graz erregten 1599 und 1600 Berichte über erfolgreiche Teufelsaustreibungen großes Aufsehen. Da befreite eine geistliche Kommission eine offensichtlich psychisch Kranke von Besessenheit und berichtete hinterher, das Zimmer dieser Frau sei gelegentlich „voll großer und kleiner Teufel in grüner, gelber oder feuriger Farbe" gewesen. Trotz schönen Wetters habe es in diesem Haus geblitzt und gedonnert. Ein anderes Mal löste der Exorzismus bei einer bedauernswerten Psychopathin schwere Krämpfe aus. Daraufhin seien die Teufel als glitzernde schwarze Käfer aus ihrem Mund gefahren. Eines dieser teuflischen Tiere sei gefangen und verbrannt worden. Weil der Exorzismus glückte, die Frau aber doch nicht von ihrem Leiden genas, übernahm der Hof ihre Versorgung.

Aus solchen Vorgängen schloss in Graz der preußische Student Heinrich von Mesyn, dass er sich nach dem Tod seines Vaters auf dem Umweg über einen Teufelspakt ein materiell sorgenfreies Leben erschleichen könne. Er gestand den Grazer Jesuiten, dass er mit seinem Blut einen Pakt mit dem Teufel unterzeichnet habe, und löste damit bei Hofe und im Jesuitenkolleg intensive Überlegungen aus, wie dem Teufel diese Urkunde abzujagen wäre. Die geistlichen Bemühungen wirkten tatsächlich. Der Schwindler legte nämlich dieses Dokument vor und behauptete, er habe es dem Teufel bei Nacht abgeschwatzt. Niemand kam auf die Idee, diesen Schwindel zu überprüfen. Zum Dank für diese Befreiung vom Teufel konvertierte Mesyn zum Katholizismus. Die Teufelsurkunde aber wurde vor einer großen Menschenmenge verbrannt und der Schwindler fortan vom Hof materiell ausgehalten.

Das Ausmaß dieser Groteske ist daran zu ermessen, dass ein freiwillig geständiger Teufelsbündler nach seiner Bekehrung nicht auf dem Scheiterhaufen landete, sondern als Belohnung für seine tätige Reue von der Obrigkeit geschützt und versorgt wurde. Nicht genug der Groteske. Damals lehrte am Grazer Jesuitenkolleg der berühmte Universalgelehrte und führende Hexentheoretiker Martin Delrio. Ihn beeindruckte der Fall Mesyn derart, dass er ihn in sein Standardwerk über Dämonologie aufnahm.

Der Verdacht liegt nahe, dass der berühmte Fall Mesyn von Generation zu Generation fortlebte und 1677 dem mittellosen Maler Christoph Haitzmann in Mariazell zu Ohren kam. Jedenfalls gab er sich als Besessener aus, um eine materielle Versorgung zu erschwindeln. Er bekannte, mit seinem Blut zwei Teufelspakte unterfertigt zu haben, und unterzog sich bußfertig einem Exorzismus. Um den Erfolg dieser Zeremonie zu beweisen, übergab er den Exorzisten die beiden Teufelsurkunden. Damit er dem Zugriff des Teufels für immer entzogen bleibe, boten ihm die Barmherzigen Brüder in Wien eine Bleibe. Auf ihre Kosten lebte er noch 23 Jahre.

Gefeit gegen Hieb, Stich und Kugel

Im oberen Murtal ging vor 400 Jahren das Rezept von Mund zu Mund, dass Eisennägel von einem Sarg, in Leinen gewickelt und an der Brust getragen, jeden Wilderer „schussfest" machen. Auch könne man einen Jäger „bannen", wenn man sich neun Jahre lang nicht wäscht, nicht die Kleidung wechselt, nicht betet und sich nie schnäuzt. Schutz gegen einen Schuss biete ferner ein Tierknochen, den man mit dem Haar eines Verstorbenen umwickelt. Samen von Farn in den Schuhen machen unsichtbar und schützen ebenfalls vor Jägern.

Literarische Werke sprengten aber den engen Rahmen dieses lokalen Aberglaubens. Das Nibelungenlied beschreibt nämlich, wie sich der strahlende Held Siegfried unverwundbar machte. Er tötete einen Drachen und badete in dessen Blut. Von einem Baum fiel allerdings ein Blatt auf Siegfrieds Rücken. Diese verwundbare Stelle kannte der finstere Verschwörer Hagen, zielte mit seinem Speer just darauf und tötete Siegfried hinterrücks.

Ähnliches Missgeschick war eineinhalb Jahrtausende zuvor schon dem Achilles widerfahren. Seine Mutter tauchte ihn kopfüber in Drachenblut, damit er unverwundbar bleibe, hielt ihn dabei aber an der Ferse fest. Deshalb fällte ein Pfeilschuss in die ungeschützte Ferse diesen Helden. So machte die „Achillesferse" nicht nur Weltgeschichte. Sie spornte auch gerissene Köpfe an, Mittel gegen die Verwundbarkeit zu ersinnen. Der Markt an Soldaten und Wilderern lockte zu verführerisch.

Den Verkaufserfolg von „schussfesten" Mitteln dämpfte auch nicht ein anonymer österreichischer General, der seine Soldaten im Dreißigjährigen Krieg zu besonderer Tapferkeit anspornen wollte. Er behauptete, dass sein Kommandostab ihn und seine Soldaten gegen Kugeln und Stichwaffen schütze, stellte sich vor der Truppe in Pose, ließ sich mit Gewehren beschießen, blieb unverletzt und gewann damit den Ruf, unverwundbar zu sein. Erst später kam man dem Schwindler auf die Schliche: Er trug unter seinem Wams ein Panzerhemd.

Klüger handelte der geschäftstüchtige Passauer Scharfrichter Kaspar Neithart, der 1611 die „Passauer Kunst" erfand. Er vertrieb mit Zauberzeichen und geheimnisvollen Texten beschriebene „Passauer Zettel", die der Käufer entweder schlucken oder bei sich tragen sollte, damit er lebenslang gegen Hieb,

Stich und Kugel geschützt bleibe. Diese unter Soldaten ungemein begehrten Zettel erlauben den Schluss, dass Neithart gute Geschäfte machte.

Theologisch durchaus anrüchiger ging ein Student zu Werke, der schnell gutes Geld verdienen wollte und zu diesem Zweck den Teufel einspannte. Er beschrieb seine „Schutzzettel" mit „Teufel, hilf mir, Leib und Leben geb' ich dir". Das sollte den Käufer lebenslang gegen Verletzungen durch alle Waffen versichern.

Theologisch ziemlich astrein war hingegen die „Länge Jesu", die jemand 1655 angeblich neben dem Grab Jesu in Jerusalem gefunden hatte: einen handbreiten und 180 Zentimeter langen Papierstreifen (eben die angebliche Größe Jesu), eng beschrieben mit Gebeten. Wer so einen Streifen in ein fünffarbiges Tuch wickelte und am Leib trug, war gegen Schüsse, Räuber, Zauberer und die Verdammnis in der Hölle geschützt.

Mit geringerem Aufwand nützten Schwindler die Einfalt der Leute aus, indem sie gegen einen Obolus Gewehrkugeln „segneten", damit der Schütze unverwundbar bleibe. Als sicheres Mittel gegen Schussverletzungen galt auch das Rezept, drei Messerspitzen Erde von einem Kreuzweg aufzulesen und „in aller Teufels Namen zu fressen".

Gegen Schüsse „fest" machte angeblich auch, wenn man die Kommunion empfing und mit dem unbeschädigten Leib des Herrn im Mund die Kirche verließ. Den gleichen Erfolg verhieß auch die Methode, sich eine kleine Wunde zu schneiden und darin eine geweihte Hostie einwachsen zu lassen. Hexen und Zauberer ließen diese Operation von Teufeln ausführen, damit sie vor Häschern sicher und allenfalls sogar gegen Folter unempfindlich seien.

Ein absonderlicher Fall von „Festmachen" flog 1611 in Aussee auf. Der Priester entdeckte während der Messe unter dem Altartuch ein Säckchen, das angeblich „Blutkraut", ein Stückchen Leinwand und das erste Menstruationsblut einer

Jungfrau enthielt. Ein Müllerbursch hatte es mit Hilfe des Mesners unter das Altartuch gemogelt und gestand später: Würden darüber drei Messen zelebriert, dann macht ihn dieses Säckchen als Talisman „unverwundbar". Der Bursche wanderte für ein paar Wochen in das Gefängnis und musste der Kirche als Buße den Gegenwert einer Kuh spenden.

Betrüger „vertun" den Bergsegen

Sagen zählen die „Venedigermandln" zu den wohltätigen Zauberern. Diese menschenscheuen Wesen hatte zwar noch niemand gesehen, trotzdem wusste man genau, wie sie aussehen: kleinwüchsig, grauer Bart und freundliche Augen im runzeligen Gesicht, in schwarzem Samt gekleidet, venezianischer Herkunft und immer mit einem „Bergspiegel" ausgerüstet. In diesem Gerät sehen sie Gold- und Silberadern oder auch vergrabene Schätze. Ihren Fund vertrauen sie besonderen Glückskindern, von Hunger geplagten Familien oder Menschen an, die ihnen freundlich entgegenkommen.

Dieser liebenswürdige Aberglaube funktioniert auch umgekehrt als Schadenzauber durch „Vertun" (= Sperren) des Bergsegens. Als Meister dieses Faches gebärdete sich ein Hochstapler, Bergbaufachmann und Alchemist namens Matthäus Niederjocher aus Schwaz in Tirol. Im 16. Jahrhundert zählte der Silberbergbau in dieser Stadt zu den bedeutendsten in Europa. Immerhin ernährte er an die 15.000 Menschen und mehrte den Reichtum des Hofes in Innsbruck.

Niederjocher kam 1650 vor Gericht, weil er mit seinen montanistischen Kenntnissen Leichtgläubige betrog, darunter immerhin den Innsbrucker Stadtphysikus, dem er prächtiges Dukatengold verkauft hatte, angeblich eingeschmolzen aus Golderz und Waschgold. Allerdings stellte es sich bei der Untersuchung heraus, dass die genannte Goldgrube nicht zu finden war und das Dukatengold lediglich aus minderwertigem Waschgold bestand. Doch der Betrüger war um eine Ausrede nicht faul: Sehr wohl habe er am bezeichneten Ort Golderz gehoben, dann aber diese Goldgrube im Auftrag eines Geistes „vertan". Also fand man hinterher an dieser Stelle auch kein Gold mehr. Unter Folter bekannte der Mann allerdings noch andere Zaubereien: Er habe Mäuse in Gläser gesperrt und abergläubischen Bauern für viel Geld als „guten Hausgeist" angedreht. Vergeblich habe er freilich mit einem Freund nach dem „weißen Haselwurm" gesucht, nach einer verzauberten „Schatzschlange", die als Glücksbringer galt und unter einem Haselstrauch nisten soll, auf dem eine Mistel grünt. Zu seinem Glück konnte ihm das Gericht keinen Teufelspakt nachweisen, also kam er mit einer Tracht Prügel und dem ewigen Landesverweis davon.

Unbekannt ist der Ausgang eines Prozesses, in dem 1601 ein Turracher Bergknappe beschrieb, wie man einen versiegten oder „vertanen" Bergsegen wieder aktivieren kann. Dazu braucht es drei Rippen eines Toten, drei Nägel aus dem Sarg einer im Kindbett Verstorbenen und ein Stück Gesichtshaut von einem Mann am dritten Tag nach seiner Beerdigung.

Auch diese Methode ließ sich umkehren. Während der wirtschaftlichen Dauerkrise nach dem Dreißigjährigen Krieg erlitt die Eisenproduktion im steirischen Wildalpen von 1664 bis 1670 einen Rückschlag nach dem anderen. Das Management glaubte felsenfest, dass Schadenzauber dieses Missgeschick verursacht habe, und es mobilisierte dagegen die Kräfte des Glaubens: Man ließ Messen zelebrieren sowie die Schmelzanlagen mit geweihtem Salz, Weihwasser und sakralen Ölen enthexen. Leider ist nicht aktenkundig, ob diese Maßnahmen etwas fruchteten.

Der Teufel sitzt als Wurm im Apfel

In Wien nahm sich 1583 sogar der kaiserliche Hof der 16-jährigen Niederösterreicherin Anna Schlutterbacher an. Sie litt an Epilepsie. Und weil man die Ursache dieser Krankheit nicht kannte, galt sie als Besessenheit durch den Teufel. Dagegen zeitigten Teufelsaustreibungen (Exorzismen) in St. Pölten und Mariazell keinen Erfolg. Also begann die Suche nach einer Hexe, die dem Mädchen die Teufel angezaubert hatte. Da entdeckte man die 70-jährige Großmutter des Mädchens, Elsa Plainacher. Sie wurde des Schadenzaubers an ihrer Enkelin bezichtigt und gleich noch des Giftmordes an ihrem Ehemann und ihren vier Kindern. Das konnte nur ein Todesurteil bedeuten.

Gleichwohl ließ die Kirche den Fehlschlag der beiden Exorzismen an Anna nicht auf sich sitzen. Abermals wurde das Mädchen in aller Öffentlichkeit einem Exorzismus unterzogen – und geheilt. Nach amtlicher Darstellung fuhren 12.652 Teufel auf den Befehl Gottes unter wildem Geschrei und bestialischem Gestank aus Anna (in Seckau trieb der Exorzismus 1702 „nur" 7000 Teufel aus einer jungen Frau). Prediger verbreiteten dieses Wunder im ganzen Land. Einer von ihnen behauptete sogar, Großmutter Plainacher habe nach „peinlicher Examinierung" gestanden, sie habe Teufel in ihre Enkelin hineingezaubert und „Gräulicheres mehr getan".

Die Verteidigung der angeklagten Großmutter klang indessen ganz anders: Ehe Annas Mutter im Kindbett starb, hatte sie das fünfjährige Kind noch ihrer Obhut anvertraut. Alles verlief glatt bis zu Annas 14. Lebensjahr. Da heiratete ihr Vater ein zweites Mal und schickte Anna als Magd in Arbeit. Dort traten plötzlich epileptische Anfälle auf. Vehement bestritt Plainacher die Giftmorde an ihrem Mann und ihren Kindern sowie Kontakte zum Teufel.

Folgerichtig begann die „peinliche Befragung". Doch selbst die Folter des Aufziehens mit Steinen an den Beinen bewirkte

kein Geständnis. Erst unter wiederholter – und gesetzlich verbo-
tener – Folter brach die alte Frau zusammen und „gestand" Sex
mit dem Teufel, dem sie sich für Geld verschrieben habe, und
Hexenflüge auf den Ötscher. Ihrer Enkelin habe sie einen Teufel
als Wurm in einem Apfel versteckt verabreicht. Auf Anweisung
des Teufels habe sie sogar mit einem abgetriebenen Fötus Unwetter herbeigezaubert.

Der Wiener Bischof Caspar Neubeck wandte sich gegen den
Vorschlag des vernünftigen Stadtrichters, die verwirrte alte Frau
in einem Asyl unterzubringen: „Wer Mitleid wolle, müsse wissen, dass er es einem Feind Gottes erweise, und dadurch befürchten, dass er das Erbarmen des allmächtigen Gottes verliert." Das bedeutete den Tod auf dem Scheiterhaufen, zu dem
die Unglückliche als Strafverschärfung auf zwei Brettern von einem Pferd geschleift wurde.

Dieser Fall erregte derartiges Aufsehen, dass „Plainacherin"
lange Zeit als Schimpfwort in die Umgangssprache einrückte.
Anna trat nach dem Prozess in den Orden der Dominikanerin-
nen ein. Ihr weiteres Schicksal ist unbekannt.

Kindheit schützt nicht vor dem Henker

In Fürstenfeld löste ein neunjähriger Zauberbub 1686 wieder einen Hexenprozess aus. Das Gericht verurteilte ihn zum „huma-
nen" Tod durch Öffnen der Adern in einem warmen Bad. Doch
das Kind verblutete nicht. Also transportierte man den schwer
verletzten Knaben nach Graz in das Spital der Barmherzigen
Brüder, damit er geheilt und dann christlich erzogen werde. Die
Mönche verweigerten aber seine Aufnahme mit diesem Argument: „Man hätte nur üble Konsequenzen zu gewärtigen, wenn
man alle von Torturen verstümmelten Menschen aufnähme und
das Gericht seiner Pflicht enthöbe, ihre Übeltäter zu versorgen."
Und so erlag das Kind seinen Verletzungen.

Allerdings entsprach die Verweigerung christlichen Mitleids mit Verbrechern und zumal Zauberern dem Zeitgeist, den die Koryphäen der Theologie bestimmten. Gemäß ihren Theorien überantwortete man Kinder bedenkenlos dem Henker, weil diese Brut zauberischer Eltern ohnehin dem Teufel verfallen sei und dieses Erbe nicht weitergegeben werden dürfe.

Dass die Barmherzigen Brüder Hilfe verweigerten, verstieß natürlich massiv gegen den Zweck dieses Ordens, den der heilige Johannes von Gott 1540 zur Pflege kranker Männer gegründet hat; dieses inhumane Vorgehen verstieß auch gegen die Bergpredigt Jesu: „Selig die Barmherzigen, denn sie werden (bei Gott) Barmherzigkeit erlangen."

Hingegen steckt im schroff formulierten Argument der Barmherzigen Brüder auch ein gerüttelt Maß Kritik an exzessiver Folterung. Die 1532 vom Reichstag in Regensburg verabschiedete „Carolina" schützt nämlich ausdrücklich vor Willkür und Missbrauch der Folter und stellt ihren Einsatz und ihr Ausmaß dem „Ermessen eines guten, vernünftigen Richters" anheim, der außerdem Zweifelsfälle einer juristischen Fakultät vorlegen soll. Augenscheinlich mangelte es damals an „vernünftigen Richtern".

Zum Glück ergriffen 1672 in Graz zwei vernünftige Menschen Partei für zwei Mädchen im Alter von zehn und 14 Jahren. Sie waren mit ihren Müttern und ihrer Großmutter wegen Hexerei verhaftet, gefoltert und zum Tod verurteilt worden. Ihnen sollte aber die Stadthebamme den „gnädigen Tod" durch Öffnen der Pulsadern in einem warmen Bad geben. Aber die Hebamme weigerte sich, und der empörte Beichtvater drang mit einem Gnadengesuch bei der Regierung durch, das Leben der beiden Kinder zu schonen und sie in christliche Erziehung zu geben. So wurden beide im Bürgerspital untergebracht, wo man sie mangels Eigenmitteln einfach mit dem verköstigte, was andere Kranke übrig ließen. Erst nach zwei Jahren bekamen sie Unterkunft in einer christlichen Familie.

Der Salzburger Zauberer-Jackl-Hysterie fielen 139 Personen zum Opfer, davon 39 strafunmündige Kinder im Alter zwischen zehn und 14 Jahren. Sie wurden entweder erdrosselt oder mit dem Fallbeil enthauptet. Die Justiz behalf sich damals generell mit dem Befund „malitia supprimit aetatem" (Bösartigkeit verdrängt Alter). Dahinter steckte die Vorstellung, dass zauberische Mütter und Hebammen ihre Kinder noch im Mutterleib oder bei der Geburt dem Satan weihen. Dagegen helfe nicht einmal die christliche Taufe.

Andrerseits kam die Mehrzahl der Strafunmündigen frei. Sie erhielten zwar mit Weihwasser getränkten Ruten eine Tracht Prügel, wurden aber katholischen Familien übergeben, damit sie im christlichen Geist aufwüchsen. Gleichwohl verhängten die Gerichte häufig pädagogische Sondermaßnahmen zur Abschreckung.

Beispielsweise traf 1680 in Lienz ein grässliches Schicksal eine Mutter und ihre vier Kinder. Sie waren aus Salzburg geflüchtet, nachdem sie ein Mann unter der Folter der Zauberei, des Teufelsbundes, der Hostienschändung und mehrerer Ritualmorde geziehen hatte. In Lienz wurden sie aufgegriffen und eingekerkert. Der zehnjährige Sohn erlag der Folter, seine Mutter und Geschwister wurden verurteilt: Die Frau starb durch Erdrosseln, sein 14-jähriger Bruder und seine zwölfjährige Schwester wurden enthauptet. Die siebenjährige Jüngste musste den drei Exekutionen „zum abschreckenden Beispiel" zusehen, erhielt hinterher eine Tracht Rutenstreiche und wurde schließlich einer braven christlichen Familie zur Erziehung übergeben.

Die Gerichte übergaben auffallend häufig Bettelkinder dem Henker entsprechend der theoretischen Annahme, sie seien ohnedies von ihren Eltern dem Teufel verschrieben worden. Umgekehrt ließen sich Bettler und ganze Bettelfamilien auf „Hexerei" in der Erwartung ein, dass ein Pakt mit dem Teufel ihr trostloses Dasein wenigstens mildere. Deshalb missachteten die Gerichte auch die Strafunmündigkeit von Kindern: Wer hext und zaubert, weiß ja, worauf er sich einlässt. Daher beweist hexerische Bosheit eben auch Strafmündigkeit.

Behinderte gelten als besessen

Für strafmündig galten sogar geistig Behinderte. Weil man die Ursachen ihres Gebrechens nicht kannte, hielt man sie für besessen. Dem war günstigstenfalls mit einer kirchlichen Teufelsaustreibung beizukommen. Allerdings lag auch der Schluss nahe, dass der besessene Behinderte als Medium des Teufels sehr wohl Schadenzauber verüben kann.

In Wolfsberg endete 1654 eine Bettlerin auf dem Scheiterhaufen, weil sie Wetter-, Frost- und Dürrezauber sowie Hexenflüge gestanden hatte. Das Gericht befand sie zwar als „anteppisch" (schwachsinnig), verurteilte sie aber trotzdem zum Tod.

Einen geistig behinderten Kärntner bewahrte 1662 ein Bauer gerade noch vor der Hinrichtung. Der Behinderte hatte zwar seine Teilnahme an einem Hexensabbat ausführlich geschildert, aber der Bauer überzeugte das Gericht von der Harmlosigkeit des Beschuldigen: Er habe einmal an einer Bauernhochzeit teilgenommen, die er offensichtlich mit dem Hexensabbat verwechselte. Zwei vom Brautkranz abstehende Blumen sah er als Teufelshörner und den Angriff eines Habichts auf ein Huhn als Hexenflug an.

Das Landgericht auf Burg Hochosterwitz ließ 1671 einen hochgradig schwachsinnigen Bettler laufen, der ohne Umschweife Hexenflug und Wetterzauber gestanden hatte. Die Regierung in Graz ordnete aber seine neuerliche Verhaftung mit der Begründung an, dass „besonders derart einfältige Leute mit der Zauberei, einer besonders subtilen Sache, am meisten infiziert sind". Was dem armen Teufel dann widerfuhr, ist unbekannt.

Ein banaler Diebstahl löste 1688 im Lungau die zweite Hexenjagd nach der Zauberer-Jackl-Hysterie aus. Sie zielte auf sozial ausgegrenzte Bettler, die zudem körperlich oder geistig behindert und deshalb „für nichts nütze" waren. Sie fanden keine Arbeit, denn von den 6000 Einwohnern des Lungaus waren an die 200 Bettler, rund 40 von ihnen allein in Ramingstein. Den Anstoß gab ein etwa 20-jähriger, sichtlich geistig Behinderter aus Ramingstein. Er hatte Geld und Lebensmittel entwendet und einmal behauptet, dass er fliegen könne. Fliegen – das sollte anscheinend das abergläubische Landvolk zu Almosen motivieren, denn wer fliegen kann, versteht sich auf Hexerei und kann sich für das Verweigern einer milden Gabe mit Schadenzauberei rächen.

Nach Hexerei sah es auch für den Pfleger aus. Er nahm den Bettler ins Verhör.

Ohne Folter erzählte dieser freimütig, dass er fliegen könne, und ahmte mit den Armen einen Vogel nach, der seine Schwingen bewegt. Er lachte beim Geständnis, dass er mit Frauen Sex getrieben und auf Befehl des Teufels eine Hostie von der Kommunion mitgenommen habe. Dabei habe ihm der Teufel durch das Kirchenfenster zugeschaut. Sein Alter gab er mit vier Wochen an. Das Gericht beschrieb ihn als schwerhörig, stotternd, „höchst begriffsstutzig, einfältig, hinkend und dumm, aber sonst bei Vernunft und des Betrugs fähig". Dummheit sei ja auch eine teuflische List.

Sein Leben verwirkte der Mann endgültig mit einem Geständnis, das in der Geschichte des österreichischen Hexenwahns einzigartig dasteht: Er habe mit etwa einem Dutzend Personen beiderlei Geschlechts eine geheime Eheschließung nachgeahmt, die der Teufel in der Rolle des Priesters geleitet habe. Diese „Ramingsteiner Bettlerhochzeit" endete in einer Sexorgie. Da sei der Teufel unter der Liegestatt des 20-Jährigen gelegen und habe ihn aufgefordert, „er soll kein Kind machen". Ohne Umstände nannte er die Namen von 13 Beteiligten, und der Pfleger ließ sie verhaften.

Ein von einem Kropf verunstalteter Bettler schmückte diese Hochzeitszeremonie weiter aus: Der Teufel habe nach der Eheschließung groß aufgetischt. Zum nachfolgenden Tanz hätten zwei Teufel mit Geigen und Pfeifen aufgespielt. Alle hätten nachher die Hochzeit in Betten fortgesetzt. Als er sich mit einer Frau vergnügte, habe ihn der Teufel auch noch von hinten „beschlafen" – für das Gericht also zusätzlich noch das schwere Delikt der Sodomie. Schließlich bekannte der Mann, er habe Gott und die Heiligen verleugnet, weil ihm der Teufel gutes Essen, Trinken und ein angenehmes Leben versprochen habe – Dinge, von denen Bettler nur träumen konnten.

Die „Bettel Gredl" gestand erst, nachdem sie mit Ruten geschlagen und einmal an einem Seil aufgezogen worden war, und beschrieb ebenfalls ihr Leben als Bettlerin: Sie sei vor dem Teufel in die Knie gesunken, weil er ihr ein schönes Leben mit Tanzen, Essen und Trinken versprochen hatte. Nach der „Bettlerhochzeit" habe der Teufel alle Teilnehmer zum Ausfliegen an eine schwarze Schnur gebunden. Mit dem Teufel hatte sie auch auf einer Almhütte Sex. Und einmal vergrub sie im Sommer einen Zwirnknäuel im Boden, worauf sofort Schnee fiel und Schaden auf den Feldern anrichtete.

Die Gredl war bereits drei Mal irgendwo „hinter der Turrach" wegen Bettelei festgenommen worden. Der Wirt von Einach bei Ramingstein behauptete gar, er habe sie einmal beim Wettermachen aus den Wolken heruntergeschossen, worauf man sie auf einer Bahre zum Betteln herumgetragen habe. Auf diesen Abschuss führte die Gredl auch zurück, dass sie „krump" ist und deshalb hinkt.

Ein allgemein als „Dorftrottel" verhöhnter Teilnehmer an der „Bettlerhochzeit" gestand „Hexenflug", nannte acht Personen, die alle zusammen auf einem einzigen Stock zu einem Hexentreff geflogen seien, und gab zu, dass er eine entweihte Hostie zum Tanz mitgenommen habe. Eine hinkende Bettlerin bemängelte das miserable Essen auf einem Hexentreff und schil-

155

derte, sie habe beim Sex mit dem eiskalten Teufel zwar gefroren, aber dennoch Lust verspürt. Auf einem Hexenflug sei sie abgestürzt und dann mühsam nach Hause gehumpelt.

Eine 35-jährige Witwe gestand unter Folter Sex mit dem Teufel sogar noch in der Keuche. Fatal wirkte sich aber ihr Vorleben aus: Sie habe die Arbeit als Dirn bei einem Bauern abgebrochen, weil der sie mit „fleischlicher Ungebühr" bedrängt hatte. Das wog für das Gericht schwer: Die Frau war nämlich damals verheiratet, der Bauer auch, also lag das Verbrechen eines „doppelten Ehebruchs" vor. Der Bauer kam mit einer Geldbuße im Wert von fünf Kühen davon, die Frau wurde enthauptet.

Nach 13 Hinrichtungen bremste die Obrigkeit 1689 den Eifer des Pflegers nicht zuletzt wegen der Kosten, die auf die „Staatskasse" fielen, weil bei Bettlern nichts zu holen war. Die Abrechnung aller Verfahren entsprach einer Summe, die ein erstklassiger städtischer Handwerksmeister in elf Jahren verdiente. Rund 20 Prozent der Kosten entfielen auf den Henker, der drei Mal für Exekutionen aus Salzburg anreisen musste.

Ein schwachsinniges Mädchen geriet 1749 in die Fänge der Justiz, als in der Höllenschmiede von Mühldorf, bis 1803 eine Salzburger Exklave in Bayern, die Einrichtung verrückt spielte. Bewohner und Passanten hörten und fühlten, was sie nicht sahen: Eine geheimnisvolle Kraft wirbelte Schmiedehämmer durch die Luft, warf Steine umher, knallte Türen und trieb mit Klopfzeichen gespenstischen Spuk. Wen immer solche Geschoße trafen, dem kam es aber vor, als berühre ihn lediglich ein weiches Lederbällchen.

Diesen Spuk schrieb der Schmied der 16-jährigen Maria zu und warf das arme Ding aus dem Haus. Maria kam bei anderen Leuten unter – und prompt legte dort der Spuk derart los, dass sogar die Behörde ihre Ohren spitzte. Das Mädchen war nämlich schon seit einiger Zeit als „Medium" für okkulten Mumpitz sowie durch Streiche und Possen aufgefallen; nun lachte es über den Polterspuk und behauptete, dass ihr dabei nichts geschehen könne. So geriet das Mädchen in die Mangel des Pfleggerichts und schilderte ohne „peinliche Befragung" unbefangen alarmierende Dinge: Flug zum Hexensabbat, Sex mit einem Teufel und Hostienschändung in Form eines Wettkampfes im Weitwerfen. Wiewohl Zeugen beeideten, dass Maria zu alledem absolut unfähig sei, wurde das Mädchen dem Höchstgericht in Salzburg überstellt.

Damit war der Punkt zur Rückkehr überschritten, es konnte nicht mehr so glimpflich abgehen wie beim Prozess von 1716 gegen ein paar halbwüchsige Mühldorfer, die wegen Wetterzaubers und Hostienschändens in der Keuche gelandet waren. Die Buben gaben auf inquisitorische Fallenstellerei des Richters derartigen Unsinn zu, dass die Bürgerschaft offen zu murren begann und zwei Geistliche öffentlich gegen diesen Aberwitz auftraten. Das Salzburger Höchstgericht bedrohte die Buben zwar mit einem Prozess, beendete aber dann die ganze Angelegenheit mit einer salomonischen Entscheidung, um das Gesicht der Obrigkeit zu wahren: Der Schulmeister züchtigte die Buben mit der Rute und lehrte sie die Regeln der richtigen Moral.

Im Fall Marias fehlte dem Höchstgericht allerdings salomonische Klugheit. Die Richter glaubten dem offensichtlich fabulierenden Mädchen aufs Wort, unter anderem den Stuss, dass ihr Schutzengel vor dem Kerkerfenster mit dem Teufel gerauft und ihm dabei die Nase blutig geschlagen habe. Zudem fand der hinzugezogene Chirurg an Marias Körper ein eingeschnittenes Teufelszeichen. Schließlich bewies der Amtsverteidiger mit einem voluminösen Gutachten, dass Marias Flug zum Hexensabbat und ihr Sex mit dem Teufel keineswegs Einbildung, sondern die pure Wahrheit seien.

Der Hofrat in Salzburg verurteilte Maria zum Tod durch das Schwert und nachfolgendem Verbrennen. Fürsterzbischof Andreas Jakob Dietrichstein lehnte einen Gnadenakt ab. Salzburg gewann damit den beschämenden Ruhm, das letzte Opfer des Hexenwahns in Österreich hingerichtet zu haben.

Anderl von Rinn und Simon von Trient

Nur auf den ersten Blick hat die Verfolgung der Juden nichts mit dem Hexenwahn zu tun – ehe man auf den spanischen Franziskaner Alphonsus de Spina stößt, einen getauften Juden und Beichtvater des Königs Johann von Kastilien. In einem Traktat gegen Juden, Sarazenen und Feinde des Glaubens schlägt er 1485 Töne wie ein Jahr später der „Hexenhammer" an und listet massenhaft Judenverbrechen auf: Hexereien und Ritualmorde. Das Leitmotiv hatte allerdings schon 200 Jahre zuvor der Dominikaner Raimund Maritini vorgegeben: Juden sind die Vasallen des Satans. Es kommt also nicht von ungefähr, dass der Begriff „Hexensabbat" erstmals 1335 auftaucht – gewissermaßen als Nahtstelle zwischen Juden und Hexen.

Die Bilder gleichen sich: Man unterstellte den Juden Gier nach dem Blut von Christenkindern, das sie zum Einbacken ihrer ungesäuerten Brote, für Zauberei oder zur Heilung ihrer angeborenen Leiden brauchen. Weil sie mit Christenblut ihre „schlechte Natur" zu korrigieren hoffen, seien die Juden zu solchen Morden genötigt. Hingegen bringen Hexen Kleinkinder um, damit sie an das bestmögliche Fett für ihre Hexensalben kommen. Juden schänden Hostien, indem sie so lange in den Leib Christi hineinstechen, bis Blut herausfließt, das sie dann voll Verachtung verschütten. Hingegen treten oder urinieren Hexen und Zauberer auf Hostien, um den Abfall vom Glauben und den Teufelspakt zu bekräftigen. Juden sind das Volk der Mörder Jesu, Hexen wollen diese Schandtat mit Hilfe des Teufels durch die Vernichtung der christlichen Welt fortführen und vollenden.

Es fruchtete gar nichts, dass mehrere Päpste den Glauben an Ritualmorde bekämpften und Kaiser Friedrich II. die Juden 1236 ausdrücklich vom Vorwurf des Ritualmordes freisprach. In den Köpfen hatten sich für Juden längst die Epitheta „Gottesmörder", „Ritualmörder", „Hostienschänder" und „Brunnenvergifter" zur Auslösung der Pest festgesetzt und bis herauf in das 20. Jahrhundert als Reizwörter des Antisemitismus gedient.

Bereits 1293 wurden Juden in Krems des Ritualmordes an einem Kind beschuldigt und vor dem aufgebrachten Volk gerädert. Aber erst zwei Fälle stigmatisierten die Juden europaweit als „Ritualmörder": Die unterstellte Ermordung der Knaben Andreas von Rinn und Simon von Trient.

Das „Anderl von Rinn" war 1462 plötzlich verschwunden. Als seiner Mutter aus heiterem Himmel drei Blutstropfen auf die Hand fielen, ahnte sie eine Katastrophe, machte sich auf die Suche und entdeckte neben dem seither so genannten „Judenstein" an einem Baum hängend die verstümmelte Leiche ihres Kindes. Weil die Täter unerkannt entkommen waren, fiel der Verdacht reflexartig auf Juden. Die Verehrung des „seligen Anderl" schwoll alsbald derart an, dass am Judenstein später eine Kirche mit einer drastischen Darstellung seines Martyriums errichtet wurde. Erst vor drei Jahrzehnten ließ die Kirche diese Plastik entfernen und die Beschuldigung der Juden als völlig haltlos fallen.

In Trient trug sich 1475 ein ähnliches Drama zu, das die freundliche Koexistenz zwischen Christen und Juden in der Stadt schlagartig beendete. Der vermutlich dreijährige Simon verschwand: Seine Leiche entdeckte aber ausgerechnet ein Jude auf seinem eigenen Grund und meldete das nichts ahnend den Behörden. Er wurde sogleich mit zahlreichen Glaubensbrüdern wegen „Ritualmordes" verhaftet und einem zweijährigen Prozess unterworfen. 14 Juden erlagen der Folter, sechs wurden hingerichtet, das „selige Simele von Trient" wie das „Anderl von Rinn" von Italien bis an den Rhein als Märtyrer verehrt.

Bis herauf in das 20. Jahrhundert galten die Juden wegen der Kreuzigung Jesu als verwerfliches „Volk der Gottesmörder", ehe sie der Vatikan schließlich von dieser Schmach befreite. Den Vorwurf des „Gottesmordes" verstärkte allerdings noch die abweichende Lebensweise der jüdischen Gemeinden. Ihr biblisches

Selbstverständnis als Gottes auserwähltes Volk grenzte sie nach außen ebenso ab wie Kleidung, Sprache, Schrift, Kult, Bildung der Kinder und innerer Zusammenhalt, der Minderheiten stets charakterisiert – und sie als beharrlich nicht assimilierbare Fremde verdächtig machte.

Nährboden fand die Stigmatisierung der Juden in zusätzlichen Beschuldigungen: Ihre Vergiftung von Brunnen löste die Pest aus, und als Geldverleiher (mit den damals horrenden Zinssätzen bis zu 60 Prozent) handelten sie sich bei zahlungsunfähigen Schuldnern den Ruf der „Wucherei" ein. Dabei spielte es keine Rolle, dass die Juden nur deshalb an den Geldverleih gerieten, weil er Christen verboten war.

Diese Brandmarkung löste die Verfolgung der Juden aus, häufig in Form regelrechter Pogrome mit Tausenden Toten, wie beispielsweise in Wien, wo 1421 an die 200 Juden verbrannt wurden. Juden mussten sich durch spitze Hüte oder einen „gelben Fleck" – dem Vorbild der Nationalsozialisten für den gelben Judenstern – zu erkennen geben, damit jeder Christ wisse, mit wem er jeden Kontakt meiden muss. Es folgten Vertreibungen und schließlich ab dem 16. Jahrhundert die Zwangsisolierung in Ghettos.

Zum Hass auf die Juden als vermeintliche Quelle aller Übel kam noch abstoßender Hohn. So gehörte es damals zur Political Correctness, dass sich Städte mit einer „Judensau" schmückten – mit einem Relief, das ein Schwein darstellt, das Judenkinder säugt, die dann auch noch die Exkremente der Sau essen; das Schwein gilt nämlich Juden (und Muslimen) als unreines Tier.

In ganz Europa sind durch das Mittelalter etwas über 100 Prozesse gegen Juden wegen Hostienschändung und gut 500 wegen Ritualmordes dokumentiert – sicher zu wenig, aber im Vergleich zu mindestens 60.000 exekutierten Hexen und ein Vielfaches mehr Ketzer nicht viel. Es kommt jedoch nicht auf die Zahl an, sondern auf die Niedertracht, unerklärliche Vorgänge unschuldigen Sündenböcken zur Last zu legen.

Die „verhexte" Kindersterblichkeit

In Völs bei Bozen ereilte 1506 das Hexenschicksal neun Frauen. Unter Folter gestanden sie Wetterzauber, Teufelspakt und Flüge zu Hexensabbaten auf dem Schlern. Besonders bildhaft erzählte die Bauernmagd Anna Jobst, wie festlich es dabei zuging: Der Teufel erschien als „König von England" und erkor sie mit großem Gepräge zur „Königin von England". Bei der anschließenden Schmauserei wurden vorwiegend kleine Kinder verspeist. Wie Hexen den Kinderfang anstellen, schilderte Jobst so: Man entführt ein kleines Kind, legt es in eine Schüssel, zerreißt den Körper, siedet und isst das Fleisch, steckt dann aber die Knochen mit größter Vorsicht wieder in das Kind, damit es weder hinkt noch „erkrumt", und bringt es den Eltern wohlbehalten wieder zurück.

Nach allem Anschein misstraute das Gericht dieser Geschichte und nahm einen virtuellen Kinderverzehr an. Wie sonst konnte das Knochengerüst wieder dem verspeisten Fleisch eingefügt werden? Immerhin lässt der zugegebene Hexenflug den Schluss zu, dass diese Frauen halluzinogene Kräuter kannten und auch einnahmen, um durch Allmachtsträume der bedrückenden Gegenwart zu entrinnen.

Höchst bemerkenswert ist indessen, dass Kinder bald nach der Rückkehr vom angeblichen Hexensabbat zu ihren Eltern erkrankten und starben. Stellt man in Rechnung, dass damals bis zu 50 Prozent der Kinder aus unerklärlichen Gründen den ersten Geburtstag nicht erlebten, dann bot der virtuelle Kinderverzehr eine abergläubische Erklärung: Nicht gottgewolltes Schicksal, sondern Hexerei und daher ein zwingender Grund mehr, kleine Kinder durch Abwehrsymbole an der Wiege, durch Amulette oder aus Schlangenknochen geknüpfte Kettchen um den Hals und durch Geweihtes unter dem Kopfkissen dem Zugriff der Hexen zu entziehen. Angst will uns nämlich im Grund davor schützen, dass uns das Befürchtete widerfährt.

Virtuelle Kinderopfer muten angesichts der hohen Kinder-sterblichkeit nicht so absurd an wie die Unterstellung, dass Hexen Föten abtreiben oder Kinder töten und „sieden", um Fett für Zaubersalben zu gewinnen. Der zauberisch-rituelle Zweck entspräche durchaus den Ritualmorden.

Zeitgerechte Flucht vor den Schergen in das „Ausland" hätte den Völser Frauen wohl das Leben erhalten, wären sie etwas in Geografie bewandert gewesen. Als nächstgelegenes „Ausland" hätte sich allerdings weder (das heutige) Kärnten noch Salzburg angeboten, sondern Bayern, Graubünden oder Venetien. Wo genau ist das, und wie käme man ohne Wegweiser dorthin, ohne auf Tiroler Territorium aufzufallen?

Das Gegenteil von Flucht, nämlich die „ewige Verbannung", verhängte 1658 das Gericht von Kremsmünster über drei von neun Personen, die des Teufelspaktes und der Hostienschändung – des todeswürdigen „Verbrechens der Majestätsbeleidigung Gottes" – angeklagt waren. Sechs Männer verfielen dem Henker, eine Frau und zwei Männer wurden des Landes verwiesen, und das mit der glaubwürdigen Drohung, dass sie hingerichtet würden, sollten sie je zurückkommen.

Flucht oder Verbannung – beides offenbart eine grundlegende Schwäche der Kriminalistik. In einem anderen der annähernd 3000 Herrschaftsgebiete des „Heiligen Römischen Reiches Deutscher Nation" blieb der Flüchtling zwar außer Reichweite „seines" Gerichts. Dieses scheute aber die beträchtlichen Kosten langer „hoheitlicher" Verhandlungen über eine Auslieferung, das „Fluchtterritorium" aber die teure Fahndung, zumal es kaum Personaldokumente gab und Gesuchte unter Falschnamen abtauchen konnten. Erregten flüchtige „Fremde" nicht schon von vornherein den latenten Argwohn gegenüber „Ausländern", oder gerieten sie nicht in „üblen Leumund", so konnten sie sich mit Gelegenheitsarbeit mehr schlecht als recht durchbringen. Der Verbannte erlitt hingegen das Heimweh und die Trennung von seiner Gemeinschaft als Strafe und nicht als Glücksfall, der Justiz entronnen zu sein.

Die „Werwölfe" gehen um

Zwei Monate vor der Kapitulation Deutschlands alarmierte Hitlers Sekretär Martin Bormann am 10. März 1945 alle Gauleiter mit einer „geheimen Reichssache". Unter dem Stichwort „Werwolf" mögen sich todesmutige Partisanen und Saboteure zur „Durchführung von Sonderaufgaben im Rücken des Feindes" melden: Schüsse aus dem Hinterhalt sowie Anschläge auf Nachschub, Vorratslager und Nachrichtenverbindungen der Alliierten. Propagandaminister Joseph Goebbels stellte sogar einen mobilen „Werwolfsender" bei, der die „Werwölfe" fernsteuern und die Moral der Bevölkerung mit erfundenen Heldentaten aufrichten sollte.

Die Alliierten antworteten darauf mit Erschießungen von Geiseln in vermeintlichen Werwolfgegenden – und zeigten auch starke psychologische Wirkung. Sie überschätzten diese „Werwölfe" jedoch genauso extrem wie die vermutete „Alpenfestung" Hitlers und durchkämmten noch Wochen nach Kriegsende vor allem die Wälder vom Salzkammergut bis in die Berchtesgadener Alpen. In diesem Raum hielt sich hartnäckig das Gerücht, dass sich SS-Verbände in Einzelkämpfer aufgelöst hätten, die aus ihren Verstecken in diesem schwer zugänglichen Gelände heraus die Besatzungsmacht durch einen Partisanenkrieg zermürben sollten.

Genau 350 Jahre vorher hatte ein bayerischer Landstreicher nach seiner Festnahme im Salzkammergut bekannt, dass er just in diesem Gebiet drei Männer mit der Zauberformel „Geht's hin in aller tausend Teufel Namen, dass euch keine Kugel (eines Jägers) schadt" in Wölfe verwandelt und in die Steiermark mit dem Auftrag geschickt habe, viel Vieh zu reißen; der heilige Petrus könne aber diesen „Wolfsbann" lösen und Wölfe wieder in Menschen zurückverwandeln.

Durch die Mythologie geistert der Wolf als sonderbarer Zwitter. Da säugte eine fürsorgliche Wölfin die Findelkinder Romulus und Remus und ermöglichte damit die Gründung Roms.

Die Griechen verehrten den Wolf als Symbole des Zeus und des Apollo, unterstellten gleichzeitig aber Hexen die Fähigkeit, sich in reißende Wölfe zu verwandeln.

Im frühen Mittelalter entstand der Aberglaube, dass sich ein Mann (althochdeutsch „wer") in einen Wolf verwandeln kann, um die Menschen in Schrecken zu versetzen oder Haustiere zu reißen. Weil Wölfe in harten Wintern aus Hunger ihre Menschenscheu überwanden und sogar in Siedlungen einfielen, Dämonologen aber behaupteten, dass die Verwandlung eines Menschen in einen mörderischen Wolf nur mit Hilfe des Teufels gelinge, mutierte der Wolf wie die Schlange zum Symbol des Teufels und des Bösen schlechthin. Das belegt nicht nur das Märchen vom Wolf und den sieben Geißlein, sondern auch eine italienische Schauergeschichte aus der Zeit um 1600: Ein Jäger erlegte einen Wolf, nahm eine Wolfspfote als Trophäe nach Hause mit und entdeckte dort zu seinem Entsetzen, dass das eine Hand seiner Frau war – einer „Werwölfin" also.

Eine Werwolf-Hysterie in Frankreich bewog damals die Obrigkeit, Wölfe zeitweise aus dem Jagdprivileg der hohen Herrschaften zu nehmen und zur allgemeinen Jagd freizugeben. Das beschrieb der weit gereiste Südtiroler Jurist Lukas Geizkofler, der zu dieser Zeit an der französischen Universität Dôle studierte: „Viele Wölfe, so groß wie Esel, haben fast täglich vor allem Weibsbilder zerrissen. Man hat auf sie geschossen, doch nicht einmal verwundet. Deshalb meinte das abergläubische Volk, diese Wölfe seien böse Leute, die sich dem Teufel ergeben und von ihm Macht und Mittel erhalten haben, damit sie sich in Wölfe verwandeln und so den Menschen und dem Vieh schweren Schaden zufügen können." Fünf Bauern hätten gar so einen Wolf gefangen. Das Tier entpuppte sich aber als „böser Bauer", der sich mit einer speziellen Salbe in einen Wolf verwandelt habe und als „Werwolf" hingerichtet wurde.

Doch wiederum trat der Wolf als Zwitter auf: Er wurde als hemmungsloses Raubtier gejagt und als „lebende Apotheke" gewildert. Abergläubische Volksmedizin heilte nämlich mit getrockneter Wolfsleber Leberleiden und Lungenkrankheiten mit Wolfslungen.

In Österreich erfasste die Werwolf-Hysterie nur einsame, aber waldreiche Berggegenden – zumal im Raum zwischen den Nockbergen und der Gleinalm. Davon zeugen auch noch heute viele mit „Wolf" gebildete Namen von Orten, Fluren, einsamen Tälern oder Bergen. Abermals sticht eine Doppelrolle der „Werwölfe" ins Auge: Wer sich in einen reißenden „Werwolf" verwandeln kann, weiß auch, wie man dieser Gefahr als „Wolfsbanner" begegnet. Das verschaffte Bettlern und lichtscheuem Gesindel ein einträgliches Geschäft mit der Angst. Die drehten den Bauern den „Wolfssegen" zum Schutz von Haus, Hof, Mensch und Tier an. So ein Segen von 1615 lautete: „Der heilige Petrus versperrt mit dem Himmelsschlüssel allen Wölfen und Bären den Rüssel sowie den Zauberern und Hexen Hände, Füße, Mund und Schlund, damit sie heuer kein Vieh bezaubern und euch nicht zu armen Leuten machen können."

Das abergläubische Volk zahlte aus Wunderglauben und auch aus Angst, weil ein abgewiesener „Wolfsbanner" sich als „Werwolf" hätte bitter rächen können. So unterstrich ein bettelnder „Wolfsbanner" 1712 in Niederösterreich sein Ersuchen um ein Almosen mit dem Hinweis, dass er sonst „Füchse schicken" werde.

Die Obrigkeit verstand mit zauberischen „Wolfsbannern" keinen Spaß, selbst wenn sie Wohltaten vollbrachten. So verfiel 1654 ein niederösterreichischer Landstreicher in Murau dem Henker, obwohl er das Vieh auf Verlangen von Bauern durch den Wolfssegen geschützt und die dafür erforderliche Salbe ohne Hilfe des Teufels aus Darmfett, Fleisch und Asche gemischt hatte. Im oberen Murtal wurde 1695 ein Ehepaar beim „Wolfbannen" erwischt, enthauptet und verbrannt. In der „peinlichen Befragung" hatte der Mann gestanden, dass er für den Teufelspakt zwei Wölfe erhalten und sogar geritten, aber auch auf Herden gehetzt habe, in denen sie 19 Schafe, elf Kälber, drei Schweine und einen Ochsen gerissen hätten. Dieser beträchtliche Schaden und die Ängste der Bauern lassen sich daran ermessen, dass damals der Verkauf eines Schafes einen Betrag einspielte, von dem eine Familie ihren Lebensunterhalt etwa zwei Wochen lang bestreiten konnte.

Im Jahr 1701 endete in Obdach ein Almhirte durch Enthauptung. Sein mäßiger Intelligenzgrad hatte ihn nämlich zur Annahme bewogen, dass ihm sein Schreibname Perwolf Macht über Wölfe verschaffe, die damals massenhaft in der Stub- und Gleinalpe aufgetaucht waren. Offensichtlich aus Angeberei riet er den verschreckten und empörten Bauern sogar, sie mögen ihn halt wegen seiner wölfischen Fähigkeiten anzeigen. So landete er vor Gericht, gestand Ritte auf Wölfen, die ihm der Teufel verschafft habe, und behauptete, man könne der Wolfsplage mit einer „Freikugel" Herr werden, die man vor Ort aus einem „Ablasspfennig oder aus Blei" und aus „Donnerstrahlen" (= ein kristallisiertes Mineral) gießen müsse. Perwolfs Hinrichtung beendete aber die Wolfsplage keineswegs.

Das weitere Grenzgebiet zwischen Kärnten, Salzburg und der Steiermark litt zu Anfang des 18. Jahrhunderts derart unter einer Wolfsplage, dass etwa im Lungau die verängstigten Bauern die Obrigkeit zum Einschreiten aufforderten. Immerhin hatten Wolfsrudel zwischen 1713 und 1717 an die 200 Tiere gerissen (aber nicht gefressen!) – darunter in einer einzigen Nacht 30 Hammel –, an die 20 Hirsche und sogar zwei Stiere. Die Obrigkeit veranstaltete daraufhin ziemlich ergebnislose Treibjagden. Ins Netz gingen ihr aber zwei Jugendliche. Einer von ihnen gestand unter Folter, er habe auf einer Wiese vom Teufel die schwarze Zaubersalbe mit den Worten bekommen: „Warum sollt ihr Hunger leiden? Hier habt ihr die Salbe, dass ihr zu Wölfen werdet und euch satt fresset, so oft und wie ihr wollt." Jedenfalls ergaben sich beide dem Teufel mit Haut und Haaren auf ewig.

Der Fürsterzbischof begnadigte sie von der Todesstrafe zu lebenslanger Galeerenstrafe in der venezianischen Flotte. Damals war es in Salzburg üblich, verurteilte Verbrecher den Venezianern für den Ersatz der Transportkosten zu überlassen. Das ersparte den beträchtlichen Aufwand für die Vollstreckung des Urteils. Drei Jahre später wurde noch ein Lungauer Werwolf geschnappt. Der Fürsterzbischof wandelte seine Todesstrafe auf dem Scheiterhaufen in Enthaupten um. Dieser Gnadenerweis hatte immerhin den Vorteil, die Kosten der Exekution auf ungefähr ein Drittel zu senken.

Das Rätsel der Tierverwandlung liegt offensichtlich in Autosuggestion, herbeigeführt mit einer Salbe, der Eisenhut und Alkaloide beigemischt wurden.

„… indem keine Hexen existieren“

Eine Leichenschändung leitete 1755 in Österreich eine dramatische Wende ein. In Mähren ordneten nämlich die weltliche Obrigkeit und Geistliche an, die Leichen von Männern auszugraben und zu verbrennen, weil sie der „Leumund" verdächtigt hatte, zu Lebzeiten als Vampire ihr Unwesen getrieben zu haben. So geschah es auch. Die Verbrennung folgte dem Standardargument der Dämonologen, dass nur Feuer alle Teufelei restlos vernichte.

Offensichtlich empörte dieser Vorfall die Herrscherin Maria Theresia: Sie erließ wegen dieser „Magia posthuma" gegen „törichte Aberglauben, Possen und Superstition unseren gnädigsten Befehl: Künftig wird in allen Sachen dieser Art von der Geistlichkeit nichts unternommen. Immer dann, wenn ein Fall von Gespenstern, Hexerei, Schatzgräberei oder eines angeblich vom Teufel Besessenen vorkommen soll", sei er von den Behörden und „einem vernünftigen Arzt" darauf zu untersuchen, „ob und was für ein Betrug dahintersteckt und wie die Betrüger bestraft werden sollen".

Im Jahr darauf legte die Regentin noch zu, nachdem sie erfahren hatte, dass man in einem Zaubereiprozess einen böhmischen Viehhirten nach einem Teufelszeichen abgesucht habe. Sie schlug das Verfahren nieder und entschied: „Eine abergläubische Idee, indem keine Hexen existieren. Das ist sicher, dass sich Hexen nur dort finden, wo Unwissenheit besteht. Beseitigt man diese, so wird keine Hexe mehr gefunden. Dieser Mann ist so wenig ein Hexenmeister wie ich."

Wir können uns schwerlich die Sensation vorstellen, dass sich eine katholische Monarchin gegen die theologische Dämonologie und die Stimmung im abergläubischen Volk stellte und dekretiert, dass Hexerei, Gespensterglaube und Besessenheit lediglich Betrug und Aberglaube sind.

Zehn Jahre später bewertete Maria Theresia den Aberglauben mit einem bis heute gültigen Satz: „Die Neigung des einfäl-

tigen Volkes zu abergläubischen Dingen entsprang der Leicht-
gläubigkeit, die unbegreifliche oder ganz natürliche Dinge dem
Zauber- und Hexengeschmeiß zuschreibt, von Alter zu Alter
fortpflanzt und den Kindern fast in der Wiege mit fürchterlichen
Geschichten und Märchen einprägt, wodurch dieser Wahn allgemein verbreitet und immer mehr bestärkt wurde." Als geradezu revolutionäre Gegenmaßnahme führte sie 1772 die allgemeine Schulpflicht ein.

Gleichwertige Bedeutung hatte Maria Theresias Kriminal-
kodex von 1768, der die Folter verbot, allerdings das Strafrecht noch nicht aus der religiösen Motivation und Legitimation löste. Diesen entscheidenden Schritt vollzog erst ihr Sohn
Kaiser Joseph II. mit dem Strafrecht von 1787. Es ersetzte nämlich die theologisch von Gott hergeleitete schrankenlose Macht
des Herrschers durch den „aufgeklärten Absolutismus" und
leitete damit die „Säkularisation" ein. Das bedeutete die Trennung von Kirche und Staat und unterwarf auch den Herrscher
einer Verfassung und also dem Gesetz. Die Strafe für Betrug
verdient besondere Beachtung: Sie ereilt jeden, „der den minder aufgeklärten Geist irgendeines Menschen, seine (durch die
Aufklärung) *ungeläuterten Religions-Begriffe oder Vorurteile*
missbraucht, um ihn zu gesetzeswidrigen oder solchen Handlungen zu verleiten, die ihm selbst oder anderen zum Nachteil
gereichen."

Damit verschwand zwar der Hexenwahn aus dem österreichischen Rechtswesen, jedoch nicht aus dem großen Repertoire
des Aberglaubens.

Aberglaube hat einen großen Markt

Rund drei Jahrhunderte vor Maria Theresias Philippika gegen
den Hexenwahn erregte ein Satz aus einem Hexentraktat europaweit Aufsehen: „Weil nämlich Frauen in Strafprozessen

häufig als Hexen verurteilt wurden, gibt es Hexen." Das schrieb der spanische Bischof Alfonso Fernández de Madrigal (1410–1455), ungleich besser bekannt als Tostatus („der Sonnengebräunte"), Mitglied des einflussreichen kastilischen Kronrates und angesehen als Interpret der Bibel. Wer wollte damals diesen Gottesmann blanker Unlogik zeihen und ein Inquisitionsverfahren riskieren? Tostatus leitete nämlich die Existenz von Hexen nicht von ihrem Wesen und ihren Taten ab, sondern setzte die Wirkung (Gerichtsurteil) mit deren Ursache (Hexerei) gleich. Dieses klassische Beispiel für Unlogik verstößt zwar gegen die Methoden der Wissenschaft, entspricht aber der unethischen Logik, dass der Zweck (Hexenjagd) die Mittel (Unlogik) heiligt.

Allerdings „weiß" auch Wissenschaft längst nicht alles, sonst wäre Forschung widersinnig. Deshalb ist Wissenschaft auch nie „fertig", aber immer entwicklungsfähig. Schließlich hat sie durchschlagende Erfolge aufzuweisen – etwa die Ausrottung von Seuchen wie Pocken oder Kinderlähmung und die Entwicklung des Fliegens vom ersten Segler bis zur Rakete.

Gegen die Methoden der Wissenschaft verstößt auch der Aberglaube. Er baut aus verständlichen Gründen nicht auf logische Analyse, sondern auf Wünsche oder diffuse Ängste. Der Hexenwahn belegt es: Sind Katastrophen beliebiger Art nicht erklärbar, dann „muss" dahinter eben böswillige Zauberei oder Hexerei stecken. Von dieser unbewiesenen Vorgabe führt dann selbst noch so astreine Logik zu keinem beweisbaren Ergebnis: Der Teufel und seine hexerischen „Medien" richten Schaden mit „Zulassung Gottes" an.

Gewiss „funktionieren" Ängste und wissenschaftliche Methodik höchst unterschiedlich und sind daher nicht vergleichbar. Auch hat die Psychologie längst nachgewiesen, dass der Verstand nur rund ein Zehntel unserer Entscheidungen bestimmt, den Rest aber Emotionen. Deshalb ist der Mensch auch fähig, objektiven Unsinn in sein Weltbild einzubauen und sich gegen Zweifel zu immunisieren. Wer gibt schon gerne einen Irrtum oder selektive Wahrnehmung und Ausblenden von zwar objektiven, aber störenden Fakten zu? Aberglaube blüht folglich selbst dann, wenn man ihm Unsinn nachweist. Warum sonst befürchten mündige Staatsbürger auch heute noch Unheil in der Walpurgisnacht, in der die Hexen herumfliegen?

Im Begriff „Aberglaube" steckt das Wort „glauben". Das kann bedeuten, „nichts zu wissen", wenn etwa jemand falsch rechnet. Es kann aber ebenso heißen, etwas für „wahr", „nicht unlogisch" oder „möglich" zu halten. Besseren Zugang zum Begriff „Aberglauben" verschafft jedoch die mittelhochdeutsche Vorsilbe „aber". Sie steht für „gegen" oder „wider" und steckt in mittelalterlichen Begriffen wie „Aberwitz" (Irrsinn), „Aberhaken" (Widerhaken), „Aberlist" (Unklugheit), „Aberziel" (falsches Ziel) oder „Aberwandel" (Liederlichkeit). „Aberglaube" bezeichnet daher einen „Gegenglauben". Gewiss ist „Aberglaube" ein Werturteil, weil es einen unanfechtbaren Glauben der „Rechtgläubigen" voraussetzt. Bemisst man hingegen den Aberglauben an der Vernunft, dann beruht er auf unlogischen Schlüssen und ist durchaus nicht „Gegenglaube" zu irgendeinem anderen Glauben, sondern objektiv falsch.

Zum Unterschied vom religiösen Glauben kommt der Aberglaube ohne Bezugnahme auf Gott aus. Vielmehr erklärt er unerkannte, rätselhafte oder falsch gedeutete Erscheinungen in der Natur oder im Verhalten von Menschen mit rational (zumindest vorläufig) nicht beweisbaren Annahmen. Dem entspricht die Erklärung von Unerklärlichem mit hexerischem Schadenzauber.

Man mag nun Astrologie für einen Aberglauben halten oder auch nicht. Sie entstand vor ungefähr drei Jahrtausenden durch die Beobachtung der Planeten und des Sternenhimmels. Und irgendein Ägypter stellte dann einen kausalen Zusammenhang zwischen der lebenswichtigen Flut des Nils und dem Auftauchen eines Sternbildes her, das fortan „Wassermann" hieß. Kam also die Flut wegen eines Sternbildes oder umgekehrt?

Gänzlich im Irrationalen verstrickt sich der Aberglaube, wenn er Spielkarten übernatürliche Kenntnisse von Seelenzuständen oder gar der Zukunft zuspricht. Woher bezieht ein menschliches Produkt aus Papier und Farbe diese Fähigkeit, die ein angeblich begnadeter Insider interpretiert? Die Antwort darauf kommt ohne die Begriffe „Wunder" oder „Zufall" nicht aus.

Gleiches gilt für Hellseher, die behaupten, sie könnten irgendwelche außer- oder übersinnlichen Kräfte in Dienst nehmen und den Menschen nutzbar machen, indem sie ihnen die Zukunft entschleiern und „wissen", was sie beschert. Das stellt den religiösen Glauben auf den Kopf. Keine Religion behauptet nämlich, dass sie Gott beherrschen und für bestimmte Dienste anheuern könne; vielmehr weisen Religionen Wege, wie man Gottes Hilfe und Gnade erlangt.

Der Gegenpol zu wissenschaftlichem Denken ist das magische Denken. Magie forscht nach Gründen und Zwecken, Rationalität nach Ursachen und Wirkungen. Ängste pflegen das magische Denken in Gang zu setzen, denn sie kommen auf, wenn eine existenziell bedrohliche Lage nicht durchschaubar ist und Regeln nicht zu erkennen sind. Angst stört oder unterbindet daher eine rationale Analyse.

Angst keimt wie der Hexenwahn (fast) immer in Krisen auf, wenn ein Mensch in einer hoffnungslosen Lage im Bestand an wissenschaftlichen Erkenntnissen keinen Trost mehr findet. Dann mag er sein Missgeschick demütig als göttliche Fügung hinnehmen. Also greift er wie der Ertrinkende selbst nach dem dünnsten Halm der Hoffnung, ohne auch nur einen Gedanken daran zu verschwenden, ob dieser Halm reißfest oder stabil verwurzelt ist.

Ein durchaus dramatisches Beispiel dafür ist eine unheilbare Krankheit: Bietet die „Schulmedizin" keine Hoffnung mehr auf Heilung – eben weil ihr vorläufiger Wissensstand (noch) nicht ausreicht –, dann setzt der arme Teufel seine allerletzte Hoffnung auf „Wunderheiler". Für den Hoffnungslosen ist es dabei völlig unerheblich, dass die Schulmedizin Seuchen ausgerottet hat oder Organe transplantieren kann und entscheidend zur Verlängerung der Lebenserwartung beitrug. In seinem Fall hat sie „versagt". Er gleicht unabsichtlich jenen Menschen, die einst „Schadenzauber" erlitten und deshalb alle Hoffnung auf die Verbrennung von Hexen setzten.

Ohne Zweifel äußert sich im Aberglauben das menschliche Grundbedürfnis nach konfessionell keineswegs gebundener „Religiosität"; nämlich nach Metaphysik, die das Woher, das Warum, das Wohin sowie den Sinn des Lebens, des Leides und der „Moral" zu ergründen trachtet. Augenscheinlich wächst der Bedarf an „Religiosität" umso stärker, je unübersichtlicher, undurchschaubarer und vielleicht bedrohlicher die technologische und gesellschaftliche Entwicklung ist, auf die der Einzelne keinen Einfluss hat.

Der Boden für das Keimen und Wachsen des Aberglaubens ist also immer bestellt. Ob vernünftig oder nicht – Aberglaube ist Teil der menschlichen Emotionalität, welche rund 90 Prozent unserer Entscheidungen bestimmt.

Der Dalai Lama und die Wallstreet

Der Begriff „Orientierung" verweist auf den Orient und somit auf die Wiege der drei monotheistischen Weltreligionen. Dorthin orientieren sich heute freilich nur mehr politische Krisenmanager und Erdölhändler, alle übrigen nach dem Nordpol, weshalb das System heute besser „Nordpolisierung" hieße. Gleichwohl weist der Orient einer rapide wachsenden Anzahl von Menschen einen Weg aus der zunehmend komplizierten und undurchschaubaren Gesellschaft der Hochtechnologie – weg von „Werteverfall" und ökologischem Raubbau und hin zu den Religionen in Fernost. Sie faszinieren (auch unbewusst), weil ihnen der Auftrag Gottes an Adam und Eva fehlt, dass sie sich nach dem Verlust des Paradieses „die Erde untertan machen" müssen. Die ökologischen Folgen dieser (ökonomisch bedingten) Herrschaft über die Natur zeichnen Dutzende Studien in apokalyptischen Bildern.

Zudem begreifen fernöstliche Religionen die Erde und alle Lebewesen als beseelte Einheit. Wie sonst wäre die Idee erklärlich, dass alle Seelen in Richtung auf Vollkommenheit wandern und dabei je nach ethischem Verdienst für eine Weile die Gestalt von Maiglöckchen, Käfern oder Lasteseln annehmen können? Was Wunder also, dass der ferne Orient zum Rom oder Mekka für jene wurde, die Markt, Konsum und Globalisierung verabscheuen und deshalb auch verängstigt das einfache spirituelle Leben nach dem Gesetz der ökologischen Nachhaltigkeit suchen. Da bleibe getrost außer Betracht, dass die große Mehrheit der Asiaten das verklärte einfache Leben leider in Elend und Ausbeutung erleidet.

In unserer Gesellschaft „koexistieren" zuweilen fanatischer Glaube an Wissenschaft, Technologie und wirtschaftliches Wachstum mit nicht minder fanatischer Ablehnung aller Wissenschaft und Rationalität – zumal im Zeitalter der undurchschaubaren Globalisierung. Büßen also Religionen ihre Überzeugungskraft als Orientierungshelfer ein, dann macht sich Verwirrung darüber breit, woran man sich halten soll und wovon man Sinn bezieht. Das einst große Vertrauen in Wissenschaft und Technik schlägt um in tiefes Misstrauen bis hin zu irrationaler Technikfeindlichkeit.

Hinzu kommt, dass in den Medien tendenziell „schlechte Nachrichten gut" sind. Nicht ohne Grund, denn „gute" Nachrichten sind unauffällig. Sie aktivieren weder Ängste noch negative Weltbilder. Deshalb kommen eher spektakuläre Voraussagen über den Klimawandel zum Zug – oder was davon im „allgemeinen Bewusstsein" als besonders bedrohlich haften bleibt. Kohlendioxid gilt beispielsweise als das Treibhausgas schlechthin, weil wir davon unter anderem auch die Einschränkung unserer automobilen Freiheit befürchten. Da gerät aus dem Blickfeld, dass Wasserdampf 60 Prozent zum Treibhaus Erde beisteuert und das von Rindern freigesetzte Methan mehr zum Treibhaus beiträgt als weltweit alle Pkw zusammen.

Verängstigend ist auch die liberale Deregulierung der Finanzmärkte gemäß dem Befund des Nobelpreisträgers Milton Friedman, dass die einzige soziale Verantwortung der Wirtschaft in der Steigerung der Profite liege. Also ähnelt der internationale Finanzmarkt einem Spielcasino: Weniger als fünf Prozent der Umsätze sind Warengeschäfte, der riesige Rest aber Spekulationen. Machen dann noch die Global Player Milliardengewinne, auch um den Preis Tausender entlassener Mitarbeiter oder den „Eintausch" (teurer) älterer Arbeitnehmer durch (billigere) junge, dann überrascht das düstere Einfärben von Weltbildern keineswegs: Moral, soziale Verantwortung – gilt denn das nicht mehr?

Folglich machen die asiatischen Gurus des einfachen Lebens bei den übersättigten Kindern der opulenten Konsumwelt Eindruck – ganz nach Art der „Ketzer" und der Bettelmönche, die seit dem 12. Jahrhundert den verschwenderischen Obertanen das gottgefällige einfache Leben predigten und wie Franz von Assisi die Fische, Vögel und Bäume als Brüder ansprachen. Dass dabei zugleich Weizen und Spreu auf den Markt kommen, liegt zwar auf der Hand, ist aber nicht alleinige Schuld der „neuen Missionare", die doch nur auf den Bedarf eines durstigen Marktes reagieren. Bedenklich ist lediglich, dass dabei irritierte Menschen aus den bestgebildeten Generationen der Geschichte auf Scharlatane und Betrüger hineinfallen. Ihnen eröffnet das wie auch immer entstandene Defizit an institutionell-religiöser Orientierung einen Markt. Und der funktioniert wie jeder Markt bestechend simpel: Besteht Bedarf an irgendetwas, so treibt ein Händler auch das Gewünschte auf – auch mit Versatzstücken aus dem Fundus des uralten Aberglaubens.

Der rapide gesellschaftliche Wandel stellt überkommene (religiöse) Autoritäten in Frage und überwuchert unsere Lebenswelt derart mit undurchschaubarem Dickicht, dass die Orientierung verloren geht. Man spricht dann eher ratlos von Sinnkrise, Werteverlust und nacktem Materialismus.

Frust, Resignation und wachsende Skepsis gegenüber den „Machern" und Technokraten bilden einen Markt für neue Sinngeber und Orientierungshelfer. Buchstäblich durch die Hintertür verschafft sich somit das Grundbedürfnis nach Religiosität Zutritt zu einer erfolgreich säkularisierten Welt.

Deshalb redeten die „Hexenhämmerer" und ihre schärfsten Gegner – Tanner oder Spee – ebenso hoffnungslos aneinander vorbei wie heute der Dalai Lama und der Chef der Wallstreet.

Die Seele braucht Spiritualität

Mit dem „Syllabus Errorum" (= Liste der Irrtümer) bäumte sich die Deutungsmacht des Vatikans 1864 nochmals gegen jenen durchgreifenden Wandel auf, den Aufklärung, Säkularisation, Revolutionen sowie das unwiderstehliche Heranwachsen von Demokratie, Sozialismus und Liberalismus durchgesetzt hatten. In dieser Liste nennt der Vatikan die Demokratie sowie die Meinungs- und Pressefreiheit, weil das den „Irrtum" mit der (christlichen) „Wahrheit" gleichsetze.

Ein Jahrhundert später bekannte sich das Zweite Vatikanische Konzil zu Religionsfreiheit und Toleranz gegenüber Weltanschauungen, die auf ethischen Prinzipien beruhen.

Schließlich setzte nach zwei verheerenden Weltkriegen die „Emanzipation" mit dem Ziel ein, die Menschen den überkommenen Autoritäten „aus der Hand zu nehmen" und ihnen „Selbstbestimmung" zu verschaffen. Das traf die christlichen Glaubensgemeinschaften genauso hart wie politische Parteien oder Gewerkschaften. Anders betrachtet: Die Demontage herkömmlicher Autoritäten brachte in der Tat mehr Freiheit und Selbstbestimmung. Doch wer bietet Orientierung, wenn religiöse und gesellschaftliche Autoritäten ihren Einfluss verlieren – auch weil sie Pflichten einfordern und nicht nur Rechte zusprechen? Der emanzipierte Mensch war nun auf seine „Selbstverwirklichung" nach bestem Wissen und Gewissen angewiesen – in einer zunehmend verwirrenden, undurchschaubaren und „permissiven" Welt.

Die Bilanz für Glaubensgemeinschaften sah zur Jahrtausendwende durchaus beängstigend aus: Mitgliederschwund und moralischer Autoritätsverlust, wie Statistiken belegen.

Drei Viertel der Österreicher sind Katholiken, aber nur rund 10 Prozent von ihnen besuchen regelmäßig den Gottesdienst. Rund 47 Prozent der Österreicher glauben an Gott und sogar 48 Prozent an Wunder. Fast 50 Prozent glauben an einen Schutzengel, aber nur 32 Prozent an Engel – ein verwirrendes Bild. 29 Prozent glauben an Geistererscheinungen, 23 Prozent an die Macht der Sterne, 16 Prozent an UFOs und 14 Prozent an Hexen.

Die Zahl der Kirchenaustritte steigt konstant, und im gleichen Ausmaß wächst der Zulauf zu „Ersatzreligionen". Für Literatur über „Lebenshilfe", Astrologie, okkulte Praktiken, Esoterik, „Spiritualität", Energieströme oder Parawissenschaft geben die Österreicher jährlich annähernd eine Milliarde Euro aus. Das Grundbedürfnis „Religiosität" ist also nicht zu übersehen. Dazu zitiert der Physiker Ferdinand Cap in seinem nachdenklichen Buch „Hat Religion eine Zukunft?" den Satz von Gilbert Keith Chesterton: „Seitdem die Menschen nicht mehr an Gott glauben, glauben sie nicht etwa an nichts, sondern an alles."

Offensichtlich steht die religiöse Heilserwartung in unserer modernen Welt vor einer Lücke, die nun säkulare Sinnvermittler zu schließen versuchen.

Damit rückt die Esoterik ins Bild. Sie will den Blick des Menschen nach innen lenken und bewirken, dass der Mensch in einer konsumorientierten Gesellschaft nicht spirituell verkümmert. Sie befasst sich mit Phänomenen, die sich den Methoden und Erfahrungen der Wissenschaft und der Metaphysik entziehen und daher nicht ausreichen, die Welt vollständig zu erklären. Den Ausweg aus dieser Sackgasse weisen dann Anleihen bei Okkultismus, Astrologie, Aberglauben, Parawissenschaften und Spiritualismen.

„Esoterik" bezeichnete in der Antike ein religiöses Geheimwissen, das nur einem kleinen Kreis von Eingeweihten zugänglich ist. Der Begriff wurzelt im griechischen „esoterikos" (= zum inneren Kreis gehörig). Die „Eingeweihten" sehen das Heil außerhalb traditioneller Kirchen, erkennen allerdings in ihrer Metaphysik kein Prinzip jenseits der „Seele" und ihrer spirituellen Pflege – etwa Gott. Dann freilich sind auch persönliche Fantasien vertrauenswürdige Glaubensquellen und Traumerlebnisse so etwas wie Erbwissen oder Urwissen, das man erschließen und in die Deutung der Welt einbeziehen muss.

Allerdings können Träume und Fantasien als eine Art von sehr subjektivem Erkenntnisprozess von anderen weder nachvollzogen noch objektiviert und daher nicht in vernünftige Regeln gefasst werden. Trotzdem lässt sich nicht bestreiten, dass Wissenschaftern oder Schriftstellern in Träumen Erkenntnisse zuwachsen, die ihnen sachlich weiterhelfen. Ungeklärt ist aber, ob das von einer Eingebung oder von den grauen Zellen stammt, die im Schlaf selbstständig „weiterdenken".

Nicht eben hilfreich für eine Definition ist obendrein, dass es nicht „die" Esoterik gibt, sondern viele „Esoteriken" (also esoterische „Sekten"), die einander widersprechen. Vor allem fehlt eine einheitliche Definition der Schlüsselbegriffe „Seele" oder „Spiritualität". Das läuft auf subjektive Beliebigkeit und das Dilemma hinaus, dass jeder Esoteriker zugleich Recht und Unrecht haben kann. Gewiss ist die angebotene Lebensberatung prinzipiell hilfreich, aber sie reicht nicht aus, klare Orientierung zu geben und eine Ethik zu entwerfen.

Da haben es Katholiken tatsächlich „leichter" (auch als Protestanten oder Muslime), weil ihnen (stark vereinfacht) der Papst klare Orientierung, Werte und Verhaltensnormen vorgibt. Man kann sie akzeptieren oder aber die Kirche verlassen. Für dieses System spricht jedenfalls, dass es keine katholischen „Sekten" zulässt.

Die düsteren Prognosen des Nostradamus

Zukunftsdeutung ist so alt und vergeblich wie der Versuch, dem Orakel von Delphi eine klare Antwort zu entlocken oder die Quadratur des Kreises zu meistern. Daher ist der französische Arzt und Seher Nostradamus († 1566) immer wieder aktuell. Er lieferte seiner von Ängsten geplagten Zeit auch einen Bestseller vom Rang des „Hexenhammers" – freilich mit einem bemerkenswerten Unterschied. Er sah nicht die christliche Welt von Hexen, Teufeln und Teufelssex bedroht, sondern kündigte stattdessen an, wann welcher Mord und welche Explosion passieren und welche Tugend den letzten Papst vor dem Weltuntergang auszeichnen wird.

Aus gutem Grund kleidete Nostradamus seine (vermeintlichen) Weissagungen in kryptische Vierzeiler: Als konvertierter Jude durfte er der Inquisition nicht auffallen, denn ihr waren jene Juden nie koscher, die der Vertreibung durch Konversion entgangen waren. Nicht er ist also für Aberglauben und Fehlprognosen verantwortlich – seine abergläubischen Interpreten sind es. Außerdem lassen sich die Vorhersagen des Nostradamus immer erst hinterher erkennen, wie einige Beispiele bezeugen.

So sah Nostradamus voraus, dass „Hister" in Deutschland zur Macht käme. Als nun Hitler 1933 sogar legal die Macht in Deutschland antrat, entdeckten die Nationalsozialisten den „Hister", deuteten ihn als Schreibfehler und schlachteten ihn propagandistisch aus. Leider hatte der Wahrsager verschwie-

gen, wie „Hister" enden würde. Außerdem stand den Nationalsozialisten kein französischer Linguist zur Seite. Denn das Französisch des 16. Jahrhunderts benannte mit „Hister" – die Do-
nau.

Einen Haupttreffer landete Nostradamus bei der ungemein
abergläubischen französischen Königin Katharina de Medici,
weil er den baldigen Tod ihres Gatten Heinrich II. angekündigt
hatte. Der Tod ereilte ihn allerdings bei einem Turnier und nicht
im kryptisch angedeuteten Krieg zweier Heere. Gleichwohl
holte Katharina den Nostradamus an ihren Hof und verhalf ihm
damit zu höchster Autorität.

Auch für den Terrorakt am 11. September 2001 in New
York fand sich hinterher die passende Stelle bei Nostradamus:
Die Türme einer „neuen Stadt" werden von einem Feuer aus der
Erde erschüttert. Nostradamus bezog sich dabei verschleiert auf
ein historisches Ereignis: die Zerstörung Neapels (nea polis =
neue Stadt) durch den Ausbruch des Vesuvs im 11. Jahrhundert.
Nostradamus schloss nämlich aus der Astrologie, dass sich die
Weltgeschichte in Zyklen wiederholt, also auch die Katastrophe
von Neapel.

Für den 24. Juli 1999 kündigte Nostradamus an, dass der
König des Terrors den Weltuntergang herbeiführen werde. Beides traf nicht ein, weil den Interpreten ein Schreibfehler entgangen war. Und solche gibt es zuhauf, wie der Vergleich zwischen Nachdrucken und Originaltext belegt.

So weissagte Nostradamus angeblich, dass de Gaulle
Frankreich erretten werde. Das Original bezieht sich indessen
keineswegs auf de Gaulle, sondern auf die „drei Gallien", die
Cäsar beschrieben hat.

Nostradamus sah auch die Ermordung eines „Weltführers"
vorher, den er geheimnisvoll mit „einem Schatten in der Wüste"
in Zusammenhang setzte. Was wirft in der Wüste Schatten?
Eine Palme – also der 1986 ermordete schwedische Ministerpräsident? Oder ein Gebüsch – etwa der US-Präsident Bush? Die

Ermordung Kennedys 1963 zählte jedenfalls für die Interpreten des Nostradamus nicht als erfüllte Weissagung.

Die Deutung der Worte des Nostradamus krankt daran, dass seine Anhänger für das vermeintlich drohende Unheil erst hinterher nach dem passenden Zitat suchten. Das gleicht einem Spieler, der im Roulette auf eine Zahl setzt und die Kugel so oft kreisen lässt, bis sie endlich diese Zahl trifft. Trotzdem erliegen der Faszination von Prognosen immerhin an die 50 Prozent der Menschen – ungeachtet aller Fehlprognosen.

Kim Jong Il heiratet Condoleezza Rice

So clever und vage wie Nostradamus sind moderne Propheten und Hellseher längst nicht mehr. Erst Präzision belebt ihr Geschäft. Für das Jahr 2002 sagten prominente Hellseher voraus: Der bayerische Ministerpräsident Stoiber wird deutscher Bundeskanzler; Terroristen werden auf den Reichstag in Berlin und auf die Westküste der USA Anschläge verüben – im zweiten Fall sogar mit Biowaffen.

Im Mai des Jahres 2003 sollten der Al-Kaida-Chef Bin Laden geschnappt und US-Präsident Bush Ziel von zwei Attentaten werden und am 5. Mai die Welt untergehen.

Für 2004 sahen Zukunftskundige voraus: Ende Jänner wird ein Attentat in Berlin einen Börsenkrach auslösen; der Euro wird wieder abgeschafft; Bush wird die Wahl im November verlieren – eigentlich logisch, denn schon am 19. August sollte er das Zeitliche segnen. Dann hätte er allerdings doch noch eine nationale Katastrophe überlebt, nämlich den nuklearen Anschlag auf New York am 12. Juni, worauf der obskure Illuminaten-Orden die Macht ergreifen und in der Welt Ordnung schaffen werde.

Hingegen sah für 2005 niemand die Neuwahlen in Deutschland und den Tod des Papstes Johannes Paul II. voraus. Nicht eingetroffen sind der Zusammenbruch des US-Dollars sowie der Tod Berlusconis, des Prinzen Philipp und des 75-jährigen indischen Propheten Kunjilal Malviya, der seinen Tod sogar für den Nachmittag des 10. Oktober vorhergesagt und Tausende zu diesem Event gelockt hatte. Vergeblich, denn alle drei überlebten das Jahr 2005. Auch heiratete der nordkoreanische Diktator Kim Jong Il nicht die US-Außenministerin Condoleezza Rice, und so unterblieb sowohl die vorhergesagte Öffnung Nordkoreas als auch die abermals vorhergesehene Festnahme Bin Ladens dank dieser Liaison.

Für August 2006 war ein Terroranschlag auf Paris und im September noch einer in Madrid angesagt. Allerdings sollte diesen Ereignissen bereits im Frühsommer der Weltuntergang durch einen „atomaren Holocaust" zuvorkommen. Trete das nicht ein, werde ohnehin der Absturz eines riesigen Asteroiden die Welt vernichten. Nicht einig waren sich die Hellseher aber darin, ob San Francisco am 25. Jänner oder erst im Juni von einem Erdbeben zerstört werde.

Aberglaube, Zukunftsangst oder pure Neugier – der Blick in die Zukunft misslingt zwar, aber das „Prinzip Hoffnung" erschließt einen Markt von unerschütterlich Gläubigen, die enttäuschte Erwartungen mit der klassischen Waffe des Aberglaubens bekämpfen: Verdrängen, was das vorgefasste Bild stört. Da drängt sich der Vergleich mit einem Rezept aus dem 17. Jahrhundert auf: Man grabe nachts im Friedhof nach einem Sarg, nehme davon ein Brett mit einem Astloch, steige auf einen Kirchturm und blicke durch das Astloch – in die Zukunft.

Der Blick durch das Astloch der Prognostiker mag trügerische Hoffnungen oder Befürchtungen wecken – für harmlose Unterhaltung sorgt er allemal.

Der „Hundertjährige Kalender" irrt

Nostradamus glaubte felsenfest, dass sich die Geschichte unter dem Einfluss der Gestirne in Zyklen wiederholt. Diese vermeintliche Gesetzmäßigkeit wollte der deutsche Abt Dr. Mauritius Knauer wissenschaftlich präzisieren und auf den Ablauf des Wetters anwenden. Er nahm an, dass sich das Wetter in einem Sieben-Jahre-Rhythmus entsprechend den „Jahrespaten" Mond, Saturn, Jupiter, Mars, Sonne, Venus und Merkur wiederholt. Deshalb notierte er von 1652 bis 1658 penibel jeden Tag den Stand der Planeten und den Verlauf des Wetters. Er ließ sogar ein Observatorium bauen, damit ihm keine astronomische und atmosphärische Erscheinung entgeht. Zudem zog er alle verfügbaren Schriften der alten Griechen und der Araber zurate und befand schließlich, dass der Lauf der Gestirne auch die „Geschicke der Weltgeschichte" bestimmt. In seinem „Calendarium" veröffentlichte er gemäß dem Sieben-Jahre-Rhythmus eine Planetentafel von 1600 bis 1912.

Ein Thüringer Verleger übernahm Knauers System, verkürzte aber die Planetentafel auf die hundert Jahre von 1701 bis 1800 und gab diesen Kalender 1704 heraus. Im Jahr 1720 versah ein anderer Verleger diese Schrift mit dem Titel „100-jähriger Kalender".

Allerdings irrte Abt Knauer: Weder wiederholt sich das Wetter alle sieben Jahre, noch hält es sich an Regeln und gestattet deshalb auch keine exakten Prognosen über vier oder fünf Tage hinaus – wie anhand der Vorhersagen der modernen Meteorologie leicht nachzuprüfen ist. Ein Beleg: 2004 war nach Knauer ein „Venusjahr", das „stets mehr feucht als trocken" ist und einen schwülen, warmen Sommer beschert. Das lag gründlich daneben.

Freitag am Dreizehnten bringt Unglück

Man schrieb Freitag, den dreizehnten Oktober 1307, als der französische König Philipp VI. über die Templer mit dem haltlosen Argument herfiel, dass sie den Teufel anbeten und wüste Sexorgien treiben. Philipp setzte auf einen Raubzug, um seine gigantischen Schulden bei diesem Orden loszuwerden, dessen Reichtümer einzustreichen. Die Templer genossen als einzige christliche Organisation das päpstliche Privileg der Kreditvergabe gegen Zinsen (bis zu zehn Prozent). Mit ihrem Reichtum halfen sie maroden Königreichen und Fürstentümern aus der Patsche. Ihren Gewinn steckten sie in Caritas und in die meisten der großen Kathedralen in Frankreich und England. Alle Templer mit Ausnahme einiger weniger, denen die Flucht glückte, endeten auf dem Scheiterhaufen, nachdem ihnen Folter die absurdesten Geständnisse abgepresst hatte.

Verdankt also der „Freitag am Dreizehnten" seine unheilschwangere Bedeutung dem Pogrom unter den Anhängern des Templer-Ordens?

„Jetzt schlägt's dreizehn!" So macht sich Empörung Luft, wenn Kinder einfach nicht gehorchen oder irgendjemandes Unzuverlässigkeit den kritischen Pegel der Hutschnur erreicht. Dreizehn schlägt es dann, wenn das Idealmaß Zwölf durchbrochen wird. Die Zwölf hat sich nämlich als Idealmaß längst etabliert: Jesus scharte zwölf Apostel um sich, das Jahr zählt zwölf Monate, zwölf Tierkreiszeichen erleichtern den Sternguckern die Orientierung am Himmel, zwölf Runden kämpfen Boxer um die Weltmeisterschaft, um 12 Uhr nachts beginnt die Geisterstunde, und zwölf Eier, Bierflaschen oder Faschingskrapfen ergeben ein Dutzend.

Andrerseits saßen beim Letzten Abendmahl 13 Personen um den Tisch. Erst als der Verräter Judas davonschlich, stimmte wieder die Idealzahl Zwölf. Im Mittelalter musste ein Abt zwölf Mönche um sich sammeln, ehe er ein Kloster gründen durfte, folglich waren es dreizehn. Ist das also eine Unglückszahl?

Große Hotels lassen vielfach den 13. Stock und die Zimmernummer 13 aus, Flugzeuge die Sitze mit der Nummer 13. Die „Brussels Airlines" trugen am Heck ein „b" als Logo. Das schreckte Abergläubische, weil dieses „b" aus 13 Punkten bestand. Im Frühjahr 2007 fügte das Unternehmen dem „b" noch einen vierzehnten Punkt hinzu, um abergläubische Kunden ja nicht zu verscheuchen. Das erinnert daran, dass es in Frankreich einst den Beruf der „Vierzehner" gab. Sie sprangen ein, wenn zu Veranstaltungen 13 Personen erschienen. Hingegen galt der Dreizehnte eines jeden Monats im 16. Jahrhundert als besonders günstig für eine Hochzeit.

Negativ belastet ist auch der Freitag: Jesus starb an einem Freitag am Kreuz, und die US-Präsidenten Lincoln und Kennedy wurden an Freitagen ermordet. Trotzdem ordneten Astrologen der Antike den Freitag der Liebes- und Schönheitsgöttin Venus zu.

Fällt nun der Freitag auf einen Dreizehnten, dann addieren einander zwei Negativa – und multiplizieren sich sogar in der Fantasie. So halten acht Prozent der Österreicher und 37 Prozent der bekennenden Abergläubischen einen Freitag am Dreizehnten für unheilschwanger. Deshalb schrecken sie an solchen Tagen vor Flügen, Reisen oder Verträgen zurück. Dagegen kommen auch Statistiken nicht auf, dass an so einem „Unglückstag" nicht mehr Unfälle oder Verbrechen geschehen. Umgekehrt buchen Verächter des Aberglaubens – wenn es leicht geht – Flüge gerne für Freitage am Dreizehnten, weil dann in Flugzeugen mehr Platz ist.

Amerikanische Wissenschafter gingen diesem Phänomen auf den Grund und entwickelten ein eigenes Computerprogramm, das die Häufigkeit aller Tage einer Woche während der letzten vier Jahrhunderte ermittelte. Und siehe da, der Freitag fiel am häufigsten auf einen Dreizehnten – um fast sechs Prozent öfter als der nächstbeste Tag. Naturgemäß brachten es deshalb alle Freitage zusammen auf mehr „Unglück". Das verfestigte die Ansicht, der Freitag am Dreizehnten sei ein Unglückstag. Übrigens ist der Dienstag der sicherste Wochentag – selbst an einem Dreizehnten.

Die Soziologie sieht in diesem Aberglauben eine „sich selbst erfüllende Prophezeiung": Die Menschen erwarten Unheil, und ihr eigenes Verhalten kann dazu führen, dass etwas Befürchtetes geschieht. Es genügt auch, dass ihnen ein Glas aus der Hand fällt und am Boden zerschellt, dass sie sich am Kopf eine Beule stoßen oder einen Fuß verstauchen – na eben, Freitag der Dreizehnte.

Nicht auszumachen ist da der Unterschied zu jenen finsteren Zeiten, als Hexentheoretiker nachwiesen, dass Hexen an jedem Mittwoch und Freitag zu Sabbaten fliegen.

„Mars gibt Gas und steht dissonant"

Astrologie ist zwar uralt, doch in diesem Fall bürgt Alter nicht für Qualität wie bei Cognac oder der Akropolis. Die Auswertung von Horoskopen in sechs Tageszeitungen förderte nämlich erhellende Ratschläge von Diplom-Astrologen/innen zutage, darunter auch Erkenntnisse, die nicht astrologischen Aufwandes bedürfen.

Einige willkürlich ausgewählte Beispiele: „Sport ist gesund", „ein Saunabesuch verspricht Wohlbefinden", „Joggen hält Sie fit", „die Zukunft steht vor der Tür", „Altersvorsorge ist wichtig", „der Frühling ist da", „das Leben bietet viele Überraschungen".

Astrologische Einsichten rieten unter anderem dazu: „günstig für Schnäppchen", „laden Sie zum Grillfest ein". Auch Gleichungen mit drei Unbekannten kamen vor: „Wenn Sie zur richtigen Zeit am richtigen Ort sind, dürfte Sie eine besondere Karrierechance ereilen." Das erinnert an einen Satz von Johann

Sebastian Bach: Das Orgelspiel ist ganz einfach, man muss nur die richtige Taste im richtigen Moment drücken.

Bei der schwierigen Aufgabe, täglich für zwölf Sternzeichen Ratschläge zu erteilen, passieren mitunter stilistische Hoppalas: „Machen Sie Ihr Karriereschiff startklar", „Mars und Jupiter sind schaumgebremst", „manches Singleschiff fährt freudestrahlend in einen erwartungsvollen Liebeshafen ein", „Venus nimmt Widder ins erotische Visier", „alle ehrgeizigen Waagen sollen sich in ambitionierte Karriere-Startlöcher begeben", „Mars zündelt leichtsinnig mit Beziehungsstreichhölzern", „Neptun setzt Löwen die rosarote Brille auf", „Mars gibt Gas".

Zumindest leichtsinnig ist jedoch dieser Rat: „Jetzt müssen Sie hart durchgreifen – auch wenn das bedeutet, dass Sie vor dem Richter landen."

Verblüffenden Einfluss üben die Sterne aus, obwohl der uns nächste (Alpha Centauri) 4,4 Lichtjahre entfernt ist – oder rund 170.000 Jahre Flug mit einer Rakete. Leseproben: „Die Sterne bewahren Skorpione vor ernsthaften Erkrankungen, wollen Ihnen mit einer Geldspritze auf die Beine helfen, gewähren kosmischen Rückenwind oder lesen Ihnen jeden Wunsch von den Lippen ab." Auffallend häufig steht in den Sternen, dass sich für „manche" „einiges" im Leben, in der Liebe und privat verändert. „Gut bestrahlen" die Sterne unter anderem Ausflüge, Stadtbummel, Gehaltsforderungen, gesellige Runden, Sport, Reisen und Liebesabenteuer.

Dass die Gravitation des Mondes Einfluss auf die Erde nimmt, ist gesichertes Volksschulwissen. Aber er kann laut Astrologie noch viel mehr: Beste Zeit für operative Eingriffe sind die Tage des abnehmenden Mondes im Juni, Juli und Dezember 2006 und im Jänner 2007. Der Mond in der Jungfrau ist günstig für Dauerwellen oder regt zu geschäftlichen Höchstleistungen an.

Auf erstaunliche Leistungen bringen es die Planeten: „Jupiter verschenkt Glück im Spiel oder musikalische Höhepunkte und pusht Sie nach vorne." Pushen kann auch der Mars, zudem

„raubt er Ihnen Ihre Energie, er verschenkt Power und Kraft, verleiht Flügel, steht dissonant. Durch Mars haben Sie nur eines im Kopf: Sex."

Merkur verleiht Krebsen gute Ideen und Jungfrauen ein phänomenales Gedächtnis.

Neptun öffnet das Tor zum Unbewussten, verspricht kulturelle Highlights, schwächt aber das Immunsystem (mitgeliefertes astrologisches Gegenrezept: Küssen stärkt das Immunsystem – etwa gegen Verkühlung im „kosmischen Wind"?). „Saturn katapultiert Sie steil nach oben", „Uranus mischt die Karten neu, rüttelt am Nervenkostüm, macht Unmögliches möglich".

Einer Redaktion erschienen derlei Horoskope doch etwas zu waghalsig. Deshalb fügte sie den Horoskopen den Satz bei: „Bedenken Sie aber, dass Ihr Schicksal – trotz aller astrologischen Einflüsse – in erster Linie nur von Ihnen selbst bestimmt wird." Dazu passt auch der Rat einer Diplom-Astrologin: „Hören Sie auf die Stimme der Vernunft."

Deutsche und österreichische Zeitungen veröffentlichten in der Schlusswoche der Fußball-Weltmeisterschaft von 2006 die Horoskope eines Leipziger Berufsastrologen, der vorher als Profifußballer Karriere gemacht hatte. Er sah das Spiel Deutschland – Portugal unter einem „Mond-Uranus-Spannungseffekt". Das spreche für „Pleiten, Pech und Pannen, zum Beispiel dumme Tore durch Torhüterfehler". Beide Torhüter spielten fehlerlos, einzige Panne war ein Eigentor der Portugiesen. Den deutschen Spielern Schweinsteiger und Borowski sagte dieses Horoskop „keine großen Leistungen" voraus. Borowski spielte wegen einer Verletzung gar nicht, Schweinsteiger schoss zwei Tore, bot eine „überragende Vorstellung" (ARD) und war „Mann des Spiels" (ORF). Seinem WM-Horoskop hatte der Sterndeuter die Feststellung vorangestellt, dass Astrologie „eine seriöse Wissenschaft" sei.

Verblüffendes stand im deutschen „Zukunftsblick" (April 2006), einem führenden „Astromagazin – Horoskope, Kartenlegen und mehr". Da fragt eine Leserin, ob das Blatt nicht auch

„keltische und indianische Horoskope und auch solche nur für Singles veröffentlichen" könne. Die Antwort des Chefredakteurs: „Wir haben uns nach einer ausgedehnten Marktforschung (!) für das normale und chinesische Horoskop entschieden, weil die Nachfrage nach diesen am größten war. Wir möchten unseren Leserinnen und Lesern ersparen, dass Horoskope einander widersprechen."

Ein Experte räumt also ein, dass es unterschiedliche Horoskope gibt und keinem davon der astrologische Alleinvertretungsanspruch zukommt. Das verunsichert natürlich den Ratsuchenden. Wie weiß er nun, welches Horoskop stimmt und welches seinen Vorstellungen und Bedürfnissen am meisten entspricht? Und überhaupt: Orientieren sich Horoskope an den Erfordernissen des Marktes oder an den Sternen?

Auf meine Anfrage hin bedauerte jedenfalls eine Diplom-Astrologin, dass die seriöse Astrologie von Scharlatanen in Verruf gebracht werde. Und eine andere befand, dass Horoskope in Zeitungen lediglich der Unterhaltung dienten. Welch ein Unterhaltungsmarkt, wenn man der Statistik trauen kann, dass zwei Drittel der Zeitungsleser im deutschen Sprachraum die Horoskope zumindest „anschauen".

Ernüchternde Einsichten vermittelt auch die Wissenschaft. Beispielsweise fanden Soziologen der Universität Manchester 2007 heraus, dass Horoskope die Suche nach einem Ehepartner keineswegs fördern. Die Geburtsdaten von mehr als zehn Millionen Ehepaaren ergaben nämlich keine statistische Häufung einer bestimmten Sternzeichen-Kombination. Bilanz: „Gäbe es auch nur die geringste Tendenz, dass sich Jungfrauen zu Steinböcken hingezogen fühlten oder Waagen zu Löwen, dann hätte man das in der Statistik gesehen." Man könne sich also Liebeshoroskope sparen, denn „wenn es um Liebe geht, versuchen die Leute alles."

Indessen darf man der Astrologie trotzdem zugutehalten, dass ihr Geschäft mit dem Aberglauben kaum Unheil anrichtet und zuweilen sogar das Kabarett ersetzt.

Der Mond und die Bauernregeln

Die Anziehungskraft des Mondes bestimmt die Gezeiten der Meere. Die Wirkung dieser Anziehungskraft des Mondes hängt von der Größe des Gewässers ab. Daher ist der Gezeitenwechsel in der Adria geringer als im Atlantik, im Bodensee oder Neusiedlersee kommt diese Anziehungskraft nicht zur Geltung. Wie kann sie dann im Wasser der mikrobiologischen Körperzellen Gezeiten auslösen? Die Mikrobiologie sagt Nein.

Die Psychologie kennt dennoch Wirkungen des Mondes auf den Menschen. Rund 40 Prozent der Menschen halten sich für „mondfühlig", sind bei Vollmond innerlich angespannt und schlafen deshalb schlecht. Die Wissenschaft erklärt solche Gefühle mit „selbsterfüllender Prophetie": Von Kindesbeinen an hören Menschen, dass man bei Vollmond schlecht schläft. Also erwartet man just das bei Vollmond und ist deshalb angespannt. Und weil schlechter Schlaf dann bei Vollmond wirklich eintritt, mutiert die „angelernte" Befürchtung aus Aberglauben zur Tatsache: Der Mond ist schuld, weil es draußen hell ist – heute allerdings wegen der Straßenbeleuchtung das ganze Jahr hindurch.

Gewiss richtet dieser Aberglaube keinen ernsthaften Schaden an, aber er beunruhigt.

Andrerseits hält sich hartnäckig die Ansicht, dass Vollmond Geburten erschwert, Operationen beeinträchtigt, Heilung und Genesung bremst, mehr Verkehrsunfälle verursacht und Einfluss auf den günstigsten Zeitpunkt für einen Haarschnitt ausübt.

Statistiken widerlegen das eindeutig: Vollmond hat keinerlei Einfluss auf Operationen oder Genesung. Die Statistik der Verkehrsunfälle zeigt ebenso wenig Ausreißer wie jene der Verbrechen oder der Selbstmorde.

Die Medizin stellt diesen Aberglauben längst in ihre Dienste. Zwar kann man nicht Geburten verschieben, wohl aber Operationen. Ängstigt der Vollmond einen Patienten, dann überließe er sich dem Skalpell pessimistisch eingestimmt, und sein Pessimismus kann die Genesung beeinträchtigen. Also verschieben Chirurgen Eingriffe bis zum nächsten Neumond, wenn der Patient positiv gestimmt ist und mit Optimismus seine Genesung fördert.

Wissenschaftlich nicht nachweisbar und daher eine Frage des Glaubens sind viele Ratschläge der diversen Mondkalender auf dem Markt (welcher stimmt dann?). Willkürlich herausgegriffene Beispiele: So wirkt der Mond im Sternbild Widder auf Kopf, Augen und Nase. Um 15.43 Uhr wechselt der Mond in den Stier. Sogleich verschiebt sich seine Wirkung auf Hals, Zähne und Ohren. Auch begünstigt der Widdermond bis 15.43 Uhr ausgiebiges Lüften, Reinigen und Fensterputzen, der Stiermond ab 15.43 Uhr allerdings das Ausmalen, Lackieren und Imprägnieren. Ein anderes Mal wechselt der Mond um 18.33 Uhr vom Steinbock in den Wassermann. Vor diesem Zeitpunkt beeinflusst er Haut, Knochen und Kniegelenke, hinterher aber Blutkreislauf, Unterschenkel und Venen.

Aberglaube oder nicht – diese Ratschläge schaden niemandem und können sogar das Bewusstsein auf Hygiene und Gesundheitspflege lenken.

Verwirrendes stellten diverse Mond- und andere Kalender zum Osterfest 2004 in Aussicht: Ausgerechnet am Ostersonntag, einem der höchsten Feiertage des Jahres, unterstützte der Mond im Haushalt alle Reinigungsarbeiten und verschaffte frischem Dauergebäck längere Haltbarkeit. Günstig war am Ostersonntag das Auslichten von Hecken, das Ansetzen eines Mist- oder Komposthaufens, die Bekämpfung von Ungeziefer in der Erde und das zweite Umgraben neuer Beete im Garten, damit sie frei von Unkraut bleiben. Dagegen sprach aber der Rat, dass der Mond im Steinbock auf Gelenke, besonders die Knie, Knochen und Haut wirkt, die man deshalb nicht belasten sollte. Dennoch sollte das vorhergesagte „helle und temperierte Osterwetter" so ein Arbeitsprogramm erleichtern. Leider herrschte am Ostersonntag in Österreich Schlechtwetter, und es schneite sogar bis auf 400 Meter herunter. Für den Pfingstdienstag 2007 veröffentlichte eine Zeitung diesen Vorschlag aus einem Mondkalender: „Garten anlegen, ackern, graben; Zäune ersetzen; Platten legen." Leider schüttete es den ganzen Tag lang. Und für den folgenden Tag prophezeite der Kalender: „Vieh frisst Gras und Heu nicht." Trotzdem graste das Vieh unverdrossen auf den Weiden. Eine redaktionelle Bemerkung dazu schränkte allerdings ein: „Vielen Mondkalendern liegen die errechneten astrologischen Sternzeichen zugrunde. Abweichungen bei den Zuordnungen sind daher möglich und hängen zum Unterschied vom astronomisch richtigen Stand der Gestirne mit Auffassungsunterschieden zusammen."

Das Buch „Die Kraft des Mondes" nennt willkürlich herausgegriffene Beispiele: Vor der Elektrifizierung „menstruierten Frauen nahezu ausschließlich während der dunklen Nächte" um den Neumond herum. „Vom Sex zum Vollmond kamen Kinder" – also Babyboom zum Vollmond neun Monate später? Pfarrmatrikel aus der vorelektrischen Zeit dementieren das schlagend. Dennoch: „Hebammen und Krankenschwestern waren schon immer überzeugt: Bei Vollmond kommen mehr Kinder auf die Welt. Wissenschaftlich lässt sich das, wenn überhaupt, nur an sehr großen Zahlen nachweisen." Die Wissenschaft erfasste statistisch 40.000 Geburten in Österreich, erbrachte aber keinen Vollmond-Babyboom. Oder: „Der abnehmende Mond ist der optimale Zeitraum zur Heilung von Wunden und Krankheiten." Quelle dieses Befundes: „Viele überlieferte Heilzauber." Bemerkenswert ist auch die Erklärung, warum bei zunehmendem Mond „aufsteigende" Kräfte (und Säfte) wirken: Die Erde „atmet aus", bei abnehmendem Mond kommt es aber zu „absteigenden" Kräften (und Säften), weil die Erde „einatmet".

Und die Bauernregeln? Die vom Wetter existenziell abhängigen Bauern haben seit Jahrhunderten den Wetterablauf genau beobachtet. Von der kurzfristig richtigen Deutung atmosphärischer Erscheinungen – Wolkenbildung, Windrichtung, Dunst oder Nebel – hing die Entscheidung ab, wann man Heu macht oder das Getreide schneidet. In einer Zeit ohne Barometer und Wetterbericht verließen sich sogar Bergsteiger und Pilger auf die Treffsicherheit solcher Regeln, die offenkundig nicht im Aberglauben wurzeln.

Von diesen Beobachtungen sind die uralten Regeln der „Lostage" unbedingt zu trennen. In Versen schließen sie vom Wetter am Namenstag bestimmter Heiliger auf den langfristigen Wetterablauf: „Regnet's vor dem Georgitag (23. April), währt noch lang des Regens Plag'." „Was St. Medardus (8. Juni) für Wetter hält, solch Wetter auch in die Ernte fällt." „Bartholomäus (24. August) hat's Wetter parat für den Herbst bis zur Saat." Und sollte die Regel stimmen „bei Vollmond schlägt das Wetter um", dann müsste weltweit plötzlich Regen oder Sonnenschein herrschen.

Um die Treffsicherheit dieser „Lostage" zu prüfen, sammelte der österreichische Meteorologe Thomas Wostal die täglichen Wetterdaten der Jahre 1951 bis 2005 für Wien, Salzburg, Innsbruck und Klagenfurt und glich diese Statistik in einem aufwendigen Computerprogramm mit den täglichen Bauernregeln ab. Bilanz: Ein Drittel der Regeln stimmt, ein Drittel ist neutral und das letzte Drittel falsch. Daran ist der Wert aller anderen Ausblicke auf das künftige Wetter leicht abzuschätzen.

Kanäle zu Engeln oder kranken Hunden

Auf dem Esoterik-Markt bieten „Meister" für ein entsprechendes Honorar das „Angel-Channeling" (Kanalanschluss an einen Engel) an, damit einem in allen Lebenslagen durch ihren Beistand Erfolg zufließt. Entsprechend hilfreiche Kanäle werden auch zu Sternen und zu Sternengeschwistern erschlossen. Diese

Kanalarbeit hat leider eine diffuse Fachsprache und ist rational schwer zugänglich, wie einige willkürlich ausgewählte Beispiele aus der Werbung um Kunden bezeugen:

„Du wirst den Namen von mindestens eines Deiner Engel und ein lebendiges Signal erhalten, dass sie immer mit Dir sind. Ich werde Dich lehren, wie man sie anruft, wie man mit ihnen redet und wie man sie um ihren Beistand in allem ersucht. Der Kontakt mit Deinem Engel kann nur telefonisch oder in persönlichem Kontakt binnen 20 bis 30 Minuten hergestellt werden. Das Honorar dafür beträgt 175 Euro."

Preiswerter ist ein anderes Angebot: „Es ist möglich, ein Fern-Channeling zu erhalten. Sende hierzu Deine Fragen per Post oder E-Mail, und ich nehme das Channeling auf CD für Dich auf. Das Channeling wird Dir dann zugeschickt. Du kannst alle Fragen stellen, die von Lichtgeschwistern von der allumfassenden Sichtweise der Einheit aus beantwortet werden. Ein persönliches Channeling dauert in der Regel 60 Minuten. Grundgebühr € 95,00/Std., jede weitere angefangene halbe Stunde € 30."

Ein Vermittler von „Sternenerde" übertrifft mit seinem Angebot sogar die Astrologie: „Wir alle sind Sternengeborene. Von Sternenebenen empfangen wir neues Wissen. Dieses kann uns dienen, uns in ganz einzigartiger Weise beim Aufstieg in das Licht der Einheit zu unterstützen. Durch den plejadischen Sternenring der Einheit, in welchem sich Sternenrassen aus diesem und anderen Universen zusammenfinden, um das Photonenlicht und dessen Wissen uns Erdenmenschheit nahezubringen, habe ich die Botschaft erhalten, Menschen bewusst mit ihrem Sternenerbe zu verbinden. Dieses geschieht während eines Channelings. Sternengeschwister beschreiben Dir Deinen Zugang und öffnen diesen durch Meditation, Lichtaktivierung und Botschaften, damit Du Dich an Dein Sternenerbe wieder anschließt."

Dass dem Menschen sogar „göttliche Vollkommenheit" eignet, behauptet dieses Orakel: „Die fünfdimensionale Aura-

Lichtlesung geschieht durch Dein Hohes Selbst. So sehe ich mit dessen Augen Dein vollkommenes fünfdimensionales Energiefeld, um Dir mitzuteilen, was sich in Deiner Aura darstellt. Du erhältst Hinweise über Deinen Seelenplan, über das Lichtwesen, das Du bist, das sich in Dir ausdehnen und verwirklichen möchte und wie Du dieses bewusst unterstützt. Du kannst auch Fragen stellen. Alle Antworten, übermittelt aus Deiner Göttlichen Vollkommenheit, erscheinen als Bilder in Deiner Aura, die zu Anteilen Deiner Selbst werden, wenn Du diesem bewusst zustimmst und gemeinsam mit Deinem Hohen Selbst um die Verankerung bittest. Die dafür notwendigen Energien der Einheit werden bereitgestellt. Die Hinweise werden auf CD aufgenommen. Ich fertige für Dich eine Aura-Lichtessenz an, die alle Informationen des Lichtes während der Aura-Lichtlesung aufnimmt und Dich unterstützen wird.

Dauer ca. 60 Min., Energie-Austausch: € 120."

Ein Meister des japanischen „Reiki" kanalisiert weder Engel noch Sterne, sondern erläutert sein Angebot so: „Reiki bedeutet ‚universelle Lebensenergie' und ist eine alternative Methode, um durch Handauflegen die körpereigenen Lebens-Energien zu aktivieren und somit Krankheiten vorzubeugen bzw. zu lindern. Damit ist es möglich, Energie durch Handauflegen zu übertragen. Reiki wirkt auf allen Ebenen des Seins (Körper, Geist und Seele), fördert den Selbstheilungsprozess, entgiftet, wirkt schmerzlindernd und erhöht die Widerstandskraft. Die Fähigkeit, Reiki zu übertragen, wird auf traditionelle Weise durch einen dazu ausgebildeten Reiki-Meister/-Lehrer durch energetische Einweihungen weitergegeben."

Ein geweihter Reiki-Meister beherrscht auch die Tierkommunikation: „Die durch die Einweihungen eingeleiteten lebensenergetischen Prozesse öffnen für neue Erfahrungsmöglichkeiten. Da Bilder und Haare die Schwingungen eines Lebewesens übermitteln können, ist es möglich, Schwingungsabweichungen der Zellen und der Organe ohne die Anwesenheit des Tieres festzustellen. Somit sind auch Behandlungen durch Fernübertragung möglich. Die räumliche Entfernung ist dabei unerheblich. Es erfolgt keine Untersuchung oder Behandlung direkt am Tier."

Wie das funktioniert, legt ein „Tierkommunikator" so dar: „Dabei handelt es sich um Telepathie. Dieses Wort bedeutet die Übertragung von Gefühlen (Pathos) auf Entfernung (Tele). Es ist eine Fähigkeit, die wir alle von Geburt an in uns tragen. Die meisten Menschen nehmen meine Dienste in Anspruch, weil sie ein spezielles Problem mit ihrem Tier haben. Sie möchten auch einfach nur so wissen, ob es ihrem tierischen Freund gut geht, was er denkt und ob er sich etwas wünscht."

Ein anderer „Tierkommunikator" sagt in seiner Werbung, wie einfach das geht: „Die Kommunikation aus der Ferne funktioniert über ein Foto. Das Foto dient lediglich als Unterstützung und Brücke, um den Kontakt zum Tier leichter zu finden. Es ist ein bisschen wie beim Telefonieren. Man braucht die richtige Nummer, um mit dem gewünschten Teilnehmer verbunden zu werden."

„Tierkommunikation" beruht darauf, dass der Kommunikator „erfragt", was die Besitzer dem Tier wünschen. Beispielsweise „erzählte" ein krebskranker Hund einem Kommunikator, dass er sich einsam fühlt und unter mehreren Hunden und Katzen im Haushalt im Mittelpunkt zu stehen wünscht.

Solche „Ordinationen" kosten zwischen 50 und 160 Euro.

„Tierkommunikator" zu werden, gelingt anscheinend spielend: „An einem Wochenende erhalten Sie das nötige Grundrüstzeug, welches Sie für die Tierkommunikation brauchen – das Werkzeug sozusagen, denn das Material haben Sie schon. Tierkommunikation ist lernbar. In kleinen Gruppen steigen wir mit vielen praktischen Übungen in dieses herrliche Thema ein. Ein Tier, welches ich eines Tages kennenlernte, war von seinem Schäfer bereits aufgegeben worden. Eine Trübung der Augen ließ auf Blindheit des Tieres schließen. Ein Tierarzt bestätigte diese Diagnose. Eine vierwöchige homöopathische Behandlung durch Fernübertragung führte dazu, dass das Tier wieder sehen konnte."

Diese Vorgangsweise lässt allerdings die Neugier unbefriedigt: Diagnostizierte der Tierarzt Trübung oder Blindheit und hinterher wieder die Sehkraft?

Unentschieden bleibt jetzt allerdings, ob wir solche „Fähigkeiten von Geburt an in uns tragen", durch Weihe übertragen oder in einem Kurs am Wochenende erlernt werden – für Kosten von 60 Euro aufwärts. Und reicht so ein Kurs nicht, dann stehen Dutzende „Universitäten" zur Wahl, die den „Meister" oder „Doktor" in alternativer Tierheilkunde anbieten. Einziger Nachteil: Solche Universitäten bestehen nur aus Briefkästen.

Hellsehen „ohne faktisches Wissen"

Kartenlegen „ist der Zugang zu der inneren Weisheit und erfolgt über unsere unterentwickelten transzendentalen Möglichkeiten." So wirbt eine Kartenlegerin um Kundschaft, die freilich nur darüber rätseln kann, was „innere Weisheit" bedeutet und ob sie genetisch vorhanden oder eine (wie?) erworbene Fähigkeit ist.

Mit Kartenlegen „lassen sich Aussagen über die seelische Befindlichkeit und die allgemeine Situation machen. Das Kartenlegen ermöglicht darüber hinaus einen Blick in die Vergangenheit, in die Gegenwart und in die Zukunft", lautet eine andere Werbebotschaft. Zusatz: Der Kartenleger „kann über Situationen, Personen und Zukunft etwas aussagen, ohne faktisches Wissen zu benötigen". Wozu brauchen wir dann überhaupt noch Schulen oder Universitäten?

Den Hexentheoretikern fehlte einst auch „faktisches Wissen". Also kompensierten sie diesen eklatanten Mangel mit unerforschlicher „göttlicher Zulassung". Sie ersetzten Engel durch

Teufel, die über das Medium Hexe Schaden anrichten – allerdings nicht durch ein Stück Papier, sondern durch Sex.

Auch fehlt es nicht an Erklärungen des Systems: Jede Karte „hat eine feste Symbolik und eine feste Bedeutung". Woher hat sie das? Offensichtlich von jenen Menschen, die das Kartenlegen erfunden haben. Oder: „Karten sind der Spiegel unserer Seele, durch sie kommen wir unserer inneren Wirklichkeit näher." Wie aber schlüpft unsere Seele spiegelverkehrt in ein Stück bedrucktes Papier?

Die Symbolik der Karten hängt auch von den Farben ab: „Rot ist grundsätzlich positiv zu werten, während Schwarz für negative Einflüsse steht." Vom unerforschlichen Schicksal so bestimmt? Und wie teilte sich das Schicksal dem Kartendeuter mit?

Zweiter Punkt des Systems: Aus der Lage der Karten zueinander kombiniert der Kartenleger seine Kenntnisse über Menschen und Zukunft. Weil es aber „verschiedene Legesysteme" gibt, bleibt offen, welches nun vertrauenswürdig ist und welches nicht.

Daraus folgt das nächste Problem: „Während ein Kartenleger die Symbole dem Seelenleben zuordnet, sieht sie ein anderer stellvertretend für die Süchte des Fragenden." Kartenlegen ähnelt daher dem Zufallsgenerator des Computers.

Eine Eigenwerbung führt zum Schluss, dass wir weder Freud noch die Psychoanalyse brauchen: „Das Kartenlegen ermöglicht uns nicht nur einen Blick in die Zukunft, sondern auch einen Zugang zu unserem Unterbewusstsein." Dann allerdings „werden Sie überrascht sein, wie einfach und greifbar nahe eine Lösung für ihr Problem gleich welcher Art in der Gegenwart oder der Zukunft liegt."

Einen Sonderfall bilden die Engelskarten. Da sind 49 Symbole, „die in engem Kontakt mit spezifischen Eigenschaften des jeweiligen Engels stehen, zu dem der Kartenleger als Medium Zugang erhält". Wie weiß der Kartenleger, ob ein Engel weiß, dass er sein Medium ist, in Kontakt mit einem bedruckten Stück Papier steht und sein kartenlegendes Medium auf Abruf mit Eingebungen versorgt? Der Vergleich mit der Hexentheorie wäre nicht abwegig. Als „Medium" verschafft die Hexe dem Geistwesen Teufel Zugang zur Welt. Den Mangel an „faktischem Wissen" kompensieren Kartenleger mit liebenswürdiger, einfühlsamer und erleichternder Zuwendung für den Patienten. Irgendwo steht aber auf dem Bildschirm sehr schamhaft der Minutenpreis für die Beratung. Da könnte und vor allem sollte man nachrechnen, wie die Langmut des Kartenlesers ins Geld geht.

Das mag aber dem Patienten die Erleichterung aus Ungewissheit, Ängsten oder Nöten selbst dann wert sein, wenn in den Karten steht, dass sich seine Lage binnen zwei bis zwölf Monaten bessern könnte.

Bauernfängerei und Betrug

Nicht mehr auf dem Spielfeld abergläubischer Banalitäten und gar nicht so billiger Grotesken operieren die Wunderheiler. In den Achtziger- und Neunzigerjahren des vorigen Jahrhunderts pilgerten Abertausende aufgeklärte Zeitgenossen aus der hoch industrialisierten Welt zu philippinischen Wunderheilern, die Unglaubliches versprachen: Ohne Skalpell und Narkose entfernen sie Schadhaftes schmerzfrei mit bloßen Händen aus dem Körper. Es bleibe nicht einmal eine Operationsnarbe. Das weckte Hoffnung, zumal bei unheilbar Erkrankten. Nach entsprechender „magischer" Vorbereitung drangen diese Wunderheiler in den Bauch ein, wühlten darin, zogen dann ein bluttriefendes Etwas heraus, hielten es ihren Patienten vor die staunenden Augen und entließen sie als geheilt. Gewiss verschaffte diese gelungene Operation den Opfern vorerst große psychische Erleichterung – sie fühlten sich gut, wussten sich aber nicht zu erklären, warum sich das alte Leiden nach einiger Zeit wieder einstellte – sie hatten doch das herausoperierte Unheil und auch ihre blutbeschmierte Haut mit eigenen Augen gesehen.

Irgendwann schafften es deutsche Journalisten, mit versteckter Kamera in die streng abgeschirmten „Operationsräume" vorzudringen und eine unglaubliche Betrügerei zu dokumentieren: Als ungemein fingerfertige Trickser zauberten die heimlich beobachteten philippinischen Wunderheiler aus versteckten Behältern Fleischstücke und Tierblut als Beweis ihrer „Operation" herbei.

Jedenfalls schritt die Justiz ein, und die Philippinen verloren sehr schnell die Gloriole eines Landes der Wunderheiler. Die Betrogenen mussten aber damit fertig werden, aus existenzieller Not einer teuren Mischung aus Placebo, Aberglauben und Betrug auf den Leim gegangen zu sein.

Nach gleichem Muster behandelte ein „alternativer Mediziner", der seine Zulassung als Arzt verloren hatte, Krebspatienten – unter anderem mit einem Gipsverband oder mit der Verordnung von vier Monaten „Erholung" in Spanien. Doch seiner Arbeitsweise trauten viele Verzweifelte mehr zu als der von ihm verunglimpften Schulmedizin. Ein schwer krebskrankes Kind entzog er mit Einverständnis der verstörten Eltern der medizinischen Behandlung und wandte seine „Methode" an. Als dann das Kind in akute Lebensgefahr geriet, wurde es auf Gerichtsbeschluss in eine Klinik gebracht und noch geheilt. In Frankreich und Deutschland fasste dieser Mann zwei Haftstrafen aus, weil er mehrere Krebspatienten zu Tode therapiert hatte.

Im Jahr 2005 sorgten in Österreich „Geistheiler", wie sie sich selbst nannten, für Schlagzeilen. Eine Doktorin der Medizin und Jurisprudenz litt unter schwerem Verfolgungswahn und schrieb das „schwarzer Magie" zu. Hilfe suchend wandte sie sich an einen Mann, der im Selbststudium den esoterischen Grad eines „Geistheilers" erworben hatte. Er ortete das Epizentrum der „schwarzen Magie" im Burgenland und machte sich an die Therapie: mit einer weißen Kerze, Handauflegen zwecks „Aufladung mit Energie", „Intuition" sowie wöchentlich zwei Mal „Konzentration" und „Fernmeditation" über eine 5000 Euro teure Kassette, die der Meister besprochen hatte. Das Opfer bezahlte für die Kur 165.000 Euro, wartete aber vergeblich auf Heilung und ging schließlich vor Gericht. Dort beschwor der Verteidiger des Angeklagten die Richterin, sie solle sich „nicht von der schwarzen Magie des Anklägers beeinflussen lassen". Die Richterin erkannte auf schweren Betrug und verhängte 18 Monate teilbedingter Haft.

Aufsehen erregten damals auch philippinische „Geistheiler", die in Österreich für Handauflegen in einer kurzen „Ordination" und monatelangen „Fernsitzungen" bis zu 27.000 Euro verlangt hatten. Nachdem sich bei den Opfern aber statt der Heilung nur hohe Rechnungen eingestellt hatten, kam der Fall vor Gericht. Die Staatsanwaltschaft plädierte auf Betrug, das Gericht entschied auf Kurpfuscherei und Geldstrafen von 360 Euro mit der Begründung: „Wenn Leute auf eine Messe Glumpert kaufen gehen, ist das auch kein Betrug."

Aus den österreichischen Geistheilern ragen zwei durchaus erfolgreiche heraus: Eine Frau kann angeblich Menschen nicht nur heilen, sondern unsterblich machen. Und einer ihrer Kollegen behauptet, dass er irgendwelche „Blockaden" im Körper aufspüren könne, ohne dabei den Patienten zu berühren.

Geistheiler entwickelten eine Konter-Strategie, wenn/weil der versprochene Erfolg nicht eintritt: Es gibt immer scheinbar gute Gründe, den Fehlschlag (durch das Verhalten des Patienten!) zu rechtfertigen und die Kur in der vorgespiegelten Gewissheit zu verlängern, dass sich alle Mängel beheben ließen.

Fälle der zitierten Art bewogen damals den ORF in Zusammenarbeit mit der Gesellschaft für Parawissenschaften, den Geistheilern einen Auftritt in „Help-TV" zu bieten, damit sie ihr Können vor laufenden Kameras nachweisen. Sie sollten mit ihrer „Sichtigkeit" die Krankheiten von drei Patienten „erspüren", deren chronische Leiden Ärzte zuvor diagnostiziert und dokumentiert hatten. Die Geistheiler diagnostizierten Asthma als Problem mit der Wirbelsäule, Herzrhythmusstörungen als Leiden im linken Knie und in der rechten Lunge und Diabetes als Magenproblem.

Durch alle diese Fälle schimmert letztendlich das Grundmuster des Hexenwahns: Erklärung von Unerklärlichem, Verzweiflung über Schicksalsschläge und Einsatz ungewöhnlicher Methoden, um des Übels Herr zu werden. An solchen Vorgängen bedrückt der Umstand, dass von Ängsten gequälte Menschen in ihrer Hilf- und Ausweglosigkeit das gesundheitliche Wohl und Wehe mitunter auch psychologisch geschickten Scharlatanen anvertrauen – noch dazu für horrende Honorare.

Wünschelruten und Störzonen

Noch vor zwei Jahrzehnten taten Naturwissenschafter die Bestimmung von Störzonen mit Wünschelruten als Unsinn, Schabernack und Aberglauben ab. Zu dieser Einschätzung trugen auch öffentlich veranstaltete Tests bei.

Ein Amerikaner stiftete im Jahr 2004 eine Million Dollar für jenen Rutengänger, der in wissenschaftlich überprüften Tests seine Fähigkeiten nachweisen kann. Die Probanden mussten insgesamt 13 Mal einen Parcours mit zehn Kübeln abgehen und das jeweils unter einem anderen Kübel versteckte Material aufspüren. Nach dem Zufallsprinzip kämen im Schnitt 1,3 Treffer heraus. Die Trefferquote aller Probanden lag sogar noch darunter – also schlechter als ein Zufallsgenerator.

Einem ähnlichen Verfahren unterzogen sich Probanden, die nach eigenen Angaben allein durch Geisteskraft den Geschmack von Wein und Wasser verändern können. Bei den Versuchen waren sie allerdings nicht in der Lage, die von ihnen beeinflusste Flüssigkeit später wieder aus mehreren Angeboten herauszuschmecken. Lediglich einer von ihnen erzielte im ersten Durchgang Werte über dem erwarteten Durchschnitt, konnte aber in einem zweiten Durchlauf diese Treffer nicht wiederholen.

Diese Tests beweisen nicht, dass es keine paranormalen Phänomene gibt. Fest steht lediglich, dass sie vorläufig nicht wissenschaftlich zu beweisen und nachzuvollziehen sind.

Das gilt auch für geheimnisvolle Informationen, die das Wasser angeblich birgt. Beispielsweise qualifizierte ein Experte den Untersberg bei Salzburg als „Kraftort, ein Herzchakra des Planeten". Von dieser mystischen Definition folgerte er für das ausgezeichnete Wasser dieses Kalkstocks: „Es gibt ein nicht messbares Frequenzmuster dieses Wassers, das einzigartig ist in Europa und wichtige Informationen weiterträgt." Daran verblüfft den Nichtexperten, dass man Frequenzen und ihre Muster mit paranormaler Technik auch ohne Messapparate feststellen und offensichtlich unbekannte Informationen für wichtig halten kann. Treiben da etwa die sagenhaften Zwerglein im Untersberg so ein positiv zauberisches Spiel wie einst der Teufel negativ mit seinen schadenstiftenden Medien, nämlich den Hexen?

Wissenschaft ist nie „fertig". Deshalb bestreiten Naturwissenschafter mittlerweile nicht mehr, dass einzelne Menschen mit einer Wünschelrute tatsächlich Wasser aufspüren und sogar Tiefe und Ergiebigkeit dieses Vorkommens treffend „muten" können. Etliche Experimente bestätigten jedenfalls, dass bis zu fünf Prozent einer Vielzahl getesteter „Radiästheten" („Strahlungswahrnehmer") über diese Fähigkeit verfügen. Nachgewiesen ist auch längst, dass Haustiere bestimmte Plätze meiden, wenn sie sich zur Ruhe begeben. Radiästheten orten an solchen Plätzen Bereiche, die das Wohlbefinden stören.

Professor Gerhard Hacker, Vorstand des Forschungsinstituts für Grund- und Grenzfragen der Medizin und Biotechnologie an der Salzburger Landesklinik, machte sich also an die weltweit erste Untersuchung der Wirkung von geopathogenen Störzonen (und nicht der Wirkung von Wünschelruten!). Das sind Punkte, an denen landläufig so genannte „Erdstrahlung" die Gesundheit beeinträchtigt. An diesem Projekt wirkten Mediziner, Biologen, Physiker, Geologen, Messtechniker, Wünschelrutengänger und Testpersonen mit. Mehrere Wünschelrutengänger fanden unabhängig voneinander entsprechend günstige Zonen für diese Tests.

Die Auswertung von 135.000 Einzelmessungen erregte international Aufsehen, weil sie ein verblüffend klares Bild erbrachte: Nach einer Viertelstunde Verweildauer auf einer Störzone zeigten sich bei den Testpersonen eine Schwächung des Immunsystems und Energieeinbrüche im Herz-Kreislauf-System. Diese Belastung endete aber, sobald die Testperson diesen Platz verließ. Hackers Forschung erklärt auch, warum Menschen auf „Wasseradern" schlecht schlafen (und Tiere solche Plätze meiden). Die geopathogene Störung irritiert nämlich jenes Organ im Gehirn, das den Tag- und Nachtrhythmus regelt.

Nicht restlos geklärt ist, was solche Störzonen sind. Vermutlich entstehen sie, wenn so genannte „Wasseradern" mit dem natürlichen Erdmagnetismus in Wechselwirkung treten und/oder aus dem Gestein gelöste Metall-Ionen enthalten und somit kleine elektromagnetische Felder erzeugen. Hacker verweist auf eine beträchtliche Anzahl zusätzlicher Ursachen, die je nach Standort eine unterschiedlich große Rolle spielen. Dazu zählen unter anderem technische Felder, die es überall gibt, oder die Aktivität von Sonnenflecken. Sie beeinflussen neben dem Funkverkehr auch biologische Systeme.

In Summe belegt Hackers Forschung, dass unterschiedliche Standorte auf den Menschen unterschiedlich wirken – in manchen Fällen „stressig" mit den bekannten Folgen für Arbeits- oder Schlafplätze. Geopathogene Störungen lassen sich aber durch die „Geowave-Welle" abwehren. Sie sieht aus wie eine großflächige Mauerverkleidung aus Wellblech.

Die geopathogenen Störzonen führen wieder zurück zur Wünschelrute, deren Wirksamkeit nicht Forschungsobjekt Hackers war. „Fühlig" sind aber nur wenige Menschen.

Das erklärt auch, warum der Umgang mit der Wünschelrute störungsanfällig ist und gelegentlich in den Bereich des Aberglaubens verbannt wird.

Nur „Metaphysik der Dummköpfe"?

Zumal in Wahlkämpfen und Sonntagsreden werden Politiker nicht müde, den „mündigen Staatsbürger" zu preisen, der ein Maß an Freiheit und Selbstbestimmung genieße wie niemand zuvor in der Geschichte. Emanzipation ist das Kennwort dieses Fortschritts zur Mündigkeit; Emanzipation von Abhängigkeiten, von Autoritäten, von Unfreiheit, von Fremdbestimmung und zuweilen sogar von Ideologien. Trotzdem blüht der Aberglaube wie eh und je.

Offensichtlich begeben sich selbstbestimmte und emanzipierte Menschen im 21. Jahrhundert freiwillig in die Fremdbestimmung durch Gestirne, Karten oder moderne Magie. Zweieinhalb Jahrhunderte der Aufklärung reichten nicht zur Einsicht, dass der Abergläubische seine Willensfreiheit einer sonderbaren Fernsteuerung unterwirft. Wie warme Semmeln gehen etwa astrologische Glückwunschkarten zu Geburtstagen weg. Sie behaupten beispielsweise, dass „immense Willenskraft und starke Leidenschaft zur Natur des Skorpionmenschen gehören", dass für Schützen der Donnerstag der beste Wochentag und die Drei die Glückszahl sei, dass den Krebsen der Montag sowie die Zahlen Zwei und Sieben Glück brächten.

Natürlich ist das harmlos im Vergleich mit Geistheilern, Energieüberträgern oder Engel-Kanalisierern, die ihre Dienste und Rezepte für gutes Geld anbieten. Sie wecken wie Placebos Hoffnung auf irgendetwas Besseres und verlangen nebst Honorar jenen felsenfesten Glauben, der angeblich Berge versetzt. Die Grenze zwischen Harmlosigkeit und Scharlatanerie verläuft genau dort, wo das Geschäft beginnt und Menschen in beliebigen Bedrängnissen mit irrationalen Versprechen geblendet werden. Irrationalität beschwor auch die Hexenhatz herauf.

Die Aufklärung definierte Aberglauben als Verstoß gegen die Vernunft. Der bedeutende Philosoph und Soziologe Theodor W. Adorno geißelte Aberglauben und okkulte Praktiken als „Metaphysik der Dummköpfe". Einstein befand: „Zwei Dinge sind unendlich: das Universum und die menschliche Dummheit – aber beim Universum ist das noch nicht ganz sicher." Und Bert Brecht setzte noch den krass überspitzten Satz drauf: Wer die Wahrheit nicht kenne, sei ein Dummkopf, wer sie aber kenne und nicht danach handle, sei ein Verbrecher.

Man muss aber entschuldigend hinzufügen, dass Aufklärung, Adorno, Einstein und Brecht bei ihren Urteilen drei Dinge außer Betracht ließen: Reaktionen auf individuelle Ängste, Entscheidungen aus Emotionen und das Grundbedürfnis nach Religiosität. Allerdings führt das zurück in jenes psychische Klima, als die Zeitgeistlichkeit Unerklärliches mit dem Wirken von Hexen und Teufeln erklärte – mit dem Unterschied freilich, dass heute keine Scheiterhaufen mehr brennen.

Kein Hexenwahn
ohne Aberglauben

Der Hexenwahn reicht weit in das vorchristliche Altertum zurück und folgte fast immer dem Versuch, Unerklärliches mit abergläubischen Theorien zu erläutern und/oder mit Magie zu bekämpfen. Deshalb saßen Herrscher und Gelehrte mit ihren „Gegenstrategien" in einem Boot mit dem magisch-abergläubischen Volk. In Katastrophen aller Art bedurfte es eben eines Blitzableiters, eines Prügelknaben. Eine kräftige Klammer hielt nämlich die dünne Oberschicht der Mächtigen, Reichen sowie Gebildeten und die dicke Unterschicht der Armen zusammen: Der Glaube der Untertanen, dass dies die gottgewollte Ordnung ist, die Mächtigen somit dank dem Gottesgnadentum Macht ausüben und deshalb den Frieden und die Ordnung sichern.

Auslöser des Hexenwahns waren stets tief greifende Krisen: religiöse Brüche, sozioökonomische Umwälzungen, Seuchenzüge, „Vorboten" des Weltuntergangs, gravierende klimatische Veränderungen, gehäufte meteorologische Katastrophen, Kriege, Hungersnöte und das Gefühl der Menschen, der Gefährdung ihrer Existenz hilflos ausgeliefert zu sein. Das wirkte sich insgesamt verheerend, jedoch regional und zeitlich sehr unterschiedlich aus. Hinzu kommt, dass Katholiken ebenso wie Protestanten solche Katastrophen als Strafe Gottes auslegten, für die man Buße tun müsse – auch durch das Ausrotten der teuflischen Hexerei.

In Österreich erreichte der Hexenwahn erst in der zweiten Hälfte des 17. Jahrhunderts seinen Höhepunkt – eine Verzögerung um gut 30 Jahre gegenüber Deutschland. Die wirtschaftlich verheerenden Auswirkungen des Dreißigjährigen Krieges, das Anwachsen von Bettelei und Landstreicherei, die sich zur bedrohlichen Landplage entwickelten, erhebliche Ernteausfälle durch Unwetter und Hagelschlag sowie die permanente Bedrohung durch die Türken – das alles löste in örtlich unterschiedlicher Intensität (zumal in der Steiermark und in Salzburg) die Hexenhatz aus.

Diese Entwicklung kontrastierte markant zum Verebben des Hexenwahns anderswo in Europa. Die Verfolgungen erloschen in Spanien und in den Niederlanden bereits um 1600 und in Frankreich um 1630. Festzustellen bleibt jedenfalls, dass der Hexenwahn nicht im „finsteren Mittelalter" ausbrach, sondern erst an der Wende zur Neuzeit.

Die Zahl der Opfer in Österreich lässt sich nicht feststellen, weil offenkundig viele Prozessakten verloren gingen und einschlägige Dokumente wohl noch in Archiven schlummern. Die Zahl der Verfahren wird auf mindestens 3000 geschätzt, von den Hinrichtungen sind vorerst annähernd 1900 dokumentiert. In Europa liegt die Zahl der Exekutionen vermutlich bei 60.000, weltweit dürfte die Zahl der Opfer das Dreifache davon betragen.

Allerdings ist dabei zu berücksichtigen, dass der Hexenwahn besonders in Afrika noch immer wuchert und wenig bis keine Aufmerksamkeit erregt. Es empörte beispielsweise in Europa kaum jemanden, dass Julius Nyerere als weltweit gefeierter „nationaler Befreier" Tanganjikas (nach dem Zusammenschluss mit Sansibar = Tansania) zwischen 1970 und 1984 mehr als 3000 Hexen dem Tod überantwortete. Die aus der Luft gegriffene, doch noch immer herumgereichte Horrorzahl von weltweit 9 Millionen hingerichteten Hexen und Zauberern erfand der Nationalsozialismus, der damit seine Rassenideologie, seine „arische" Mythologie und seine Kirchenfeindlichkeit untermauerte.

Die Abwertung der Frau durch die mittelalterliche Theologen erklärt, dass im ganz groben Durchschnitt fast drei Viertel aller Opfer des Hexenwahns Frauen waren, regional aber auch zu zwei Dritteln Männer. Gegen Ende des 20. Jahrhunderts entwickelten sich daraus weltanschaulich und emanzipatorisch getönte Theorien, die in der Fachliteratur aber durchwegs widerlegt wurden und daher der Erwähnung nicht wert sind. Dazu zählen „Hexenkulte", die progressive Zeitgenossinnen als mystische Verklärung der Emanzipation zelebrieren.

In geradezu „archetypischer" Form lebt indessen „die Hexe" bis heute besonders in Märchen fort. Jeder Mensch kann das in einer Umfrage unter Kindern ermitteln. Auf die Frage nach den Charakteristika einer Hexe folgen stets stigmatisierende Begriffe: alt, zahnlos, hässlich, böse, spitze Nase mit einer Warze darauf, Kopftuch und Ritt auf einem Besen. So einer „alten Hex'" fielen Hänsel und Gretel zum Opfer, denn sie „verliefen sich im Wald; es war so finster und auch so grimmig kalt".

Das entspricht dem Bild und dem Ambiente der „Dorfhexe", die einst in einer desolaten Hütte am Rand des Dorfes hauste: eine Greisin, von der Last der Jahre gebeugt, von Rheuma geplagt, fast ohne Zähne, hässlich, zänkisch, verbittert, einsam, verwahrlost, abhängig von Betteln und milden Gaben und als Witwe schutzlos – ein klassischer Sozialfall also. Man fürchtete und mied sie, denn mit ihrem „bösen Blick" hexte sie den Menschen und Tieren aus Rache für die allgemeine Verachtung alle möglichen Übel an. Geschah im Dorf Unerklärliches, steckte sie dahinter. Also stand sie unter vorauseilendem Verdacht.

Gegen dieses historisch bedingte, allmählich gewachsene Stereotyp der ausgegrenzten und abstoßenden Zauberin helfen auch gut gemeinte Versuche nichts, in Kinderbüchern von einer „guten Hexe" zu erzählen, die nichts als Wohltaten verbreitet. Auch glauben in den deutschsprachigen Ländern immer noch rund 13 Prozent der Erwachsenen an Hexerei und 20 Prozent an Krankheitszauber. Selbst in unserem Sprachgebrauch halten sich weiterhin Begriffe aus dem Hexenwahn, etwa der „Hexenschuss", „Hexerei", das Schimpfwort „Malefizbub" (= Schadenzauberer) oder die Redewendung „Mach keine Mäuse" als Warnung vor Ungehorsam oder Unfug. (Mäuse aus Lehm geformt oder aus Holz geschnitten dienten nämlich einst als „Transporteure" der Behexung.)

Schließlich fällt auf, dass viele exekutierte Hexen und Zauberer in den Bereich der Sagen abgeschoben wurden. Auf diese Weise wirkt eben der Hexenwahn nicht mehr ganz so wirklich und brutal. Historische Fakten erscheinen dann als eher harmlos, denn in Sagen ist das alles nicht mehr so echt und „wahrscheinlich" auch gar nicht wahr – aber immerhin noch ausreichend, um den Bedarf an Gruseln zu decken. Man mag darin eine Art Entlastung des Gewissens sehen, selbst wenn uns heute absolut keine Schuld am früheren Hexenwahn trifft. Aber er ist Teil unserer Geschichte.

Deshalb sollte die Zahl der Opfer des Hexenwahns und das Sortieren nach Geschlechtern genauso wenig wie beim Thema „Holocaust" zu Maximum-Minimum-Rechnungen verleiten. In beiden Fällen kommt es keineswegs nur auf zählbare Mengen an, sondern auf den Ungeist und die Absicht hinter Mega-Verbrechen. Das bezieht sich absolut nicht auf den Aberglauben. Gleichwohl ist nicht zu bestreiten, dass der Hexenwahn und der Aberglaube in unserer aufgeklärten Zeit im selben Boden wurzeln: in Ängsten und im Bedarf, Unerklärliches zu erklären.

Literaturnachweis

Die angeführten Quellen sollen dem Interessierten die weiterführende Literatur zum Thema erschließen. Sie sind nicht nach Akzenten bewertet – etwa Sammlung von Beispielen, Analyse oder ideologischer Einfärbung.

Aram, Kurt: Magie und Zauberei in der alten Welt, Stuttgart 1927

Behringer, Wolfgang (Hg.): Hexen und Hexenprozesse in Deutschland, München 2001

Behringer, Wolfgang: Hexen. Glaube, Verfolgung, Vermarktung, München 1998

Benedikter, Hans: Hexen und Zauberer in Tirol, Bozen 2000

Binder, Hans (Hg.): Macht und Ohnmacht des Aberglaubens, Pähl 1992

Byloff, Fritz: Hexenglaube und Hexenverfolgung in den österreichischen Alpenländern, Graz 1934

Decker, Rainer: Hexen. Magie, Mythen und die Wahrheit, Darmstadt 2004

Delumeau, Jean: Angst im Abendland. Die Geschichte kollektiver Ängste im Europa des 14. bis 18. Jahrhunderts, Reinbek bei Hamburg 1985

Die Riegersburg und das Hexenmuseum, Katalog, Graz 1989

Döbler, Hannsferdinand: Walpurgisnacht und Satanskuss. Die Geschichte der Hexenverfolgung, München 1977

Dülmen, Richard van: Theater des Schreckens. Gerichtspraxis und Strafrituale in der frühen Neuzeit, München 1988

Hansen, Joseph: Zauberwahn, Inquisition und Hexenprozess im Mittelalter und die Entstehung der großen Hexenverfolgung, München/Leipzig 1900

Huber, Franz: Hexen- und Zaubererprozesse in Oberösterreich 1570 bis 1803, gebundenes Manuskript, Oberösterreichisches Landesarchiv, Linz

Hutter, Clemens M.: Gruselwandern in Salzburg (Schauplätze des Hexenwahns), Salzburg 1999

Keplinger, Maria: Vorstellungswelten und Lebenswelten – Hexenverfolgungen in Oberösterreich, Diplomarbeit, Wien 1988

Klammer, Peter: Coitus cum diabolo. (Der Mooshamer Hexenprozess von 1688/89), Mariapfarr 2006

Klein, Herbert: Die älteren Hexenprozesse im Land Salzburg, in: Mitteilungen der Gesellschaft für Salzburger Landeskunde 97, Salzburg 1957

König, Bruno Emil: Geschichte der Hexenprozesse, Reprint Wiesbaden 1990

Lehmann, Alfred: Aberglaube und Zauberei. Von den ältesten Zeiten an bis in die Gegenwart, Reprint Aalen 1985

Lewin, Louis: Die Gifte in der Weltgeschichte. Toxikologische, allgemeinverständliche Untersuchungen der historischen Quellen, Köln 2000

Nagl, Heinz: Der Zauberer-Jackl-Prozess 1675–1690, in: Mitteilungen der Gesellschaft für Salzburger Landeskunde 114/115, Salzburg 1974/1975

Rabanser, Hansjörg: Hexenwahn. Schicksale und Hintergründe. Die Tiroler Hexenprozesse, Innsbruck 2006

Richter, Lars: Die Geschichte der Folter und Hinrichtung vom Altertum bis zur Jetztzeit, Wien 2001

Sandgruber, Roman: Ökonomie und Politik. Österreichische Wirtschaftsgeschichte vom Mittelalter bis zur Gegenwart, Wien 1995

Schenk, Gustav (Hg.): Aberglaube, Angst und Terror. Massenmord und Volksverhetzung in der Weltgeschichte, Stuttgart 2000

Schleich, Johann: Hexen, Zauberer und Teufelskult in Österreich, Graz 1999

Schöpf, Hans: Volksmagie. Vom Beschwören, Heilen und Liebe zaubern, Graz 2001

Schormann, Gerhard: Hexenprozesse in Deutschland, Göttingen 1981

Seger, Otto/Putzer, Peter (Hg.): Hexenprozesse in Liechtenstein und das Salzburger Rechtsgutachten 1682, Wien 1987

Singer, Claire: Teufel. Entstehung, Mythos und Wirken des personifizierten Bösen, München 2001

Soldan, Gottlieb Wilhelm/Heppe, Heinrich: Geschichte der Hexenprozesse, Reprint Köln 1999

Spee, Friedrich von: Cautio Criminalis oder rechtliches Bedenken wegen der Hexenprozesse. Reprint München 2003

Sprenger, Jakob/Institoris, Heinrich: Der Hexenhammer, Reprint München 1982

Tschaikner, Manfred: „Damit das Böse ausgerottet werde". Hexenverfolgungen in Vorarlberg im 16. und 17. Jahrhundert, Bregenz 1992

Urban, Martin: Warum der Mensch glaubt. Von der Suche nach dem Sinn, Frankfurt am Main 2005

Valentinitsch, Helfried (Hg.): Zauberer und Hexen. Die große Verfolgung. Ein europäisches Phänomen in der Steiermark, Katalog, Graz 1987

Vasold, Manfred: Pest, Not und schwere Plagen. Seuchen und Epidemien vom Mittelalter bis heute, Augsburg 1999

Wolf, Hans-Jürgen: Geschichte der Hexenprozesse, Hamburg 1995

Wutte, Martin: Hexenprozesse in Kärnten, in: Carinthia 117/4–6, Klagenfurt 1927

>>Sausend schwirrt das Fallbeil durch die Luft ... und ein Menschenleben erlischt<<

Martin Haidinger

Von der Guillotine zur Giftspritze

Die Geschichte der Todesstrafe.
Fakten – Fälle – Fehlurteile

224 Seiten
Gebunden mit Schutzumschlag

ISBN: 978-3-902404-45-9

Was sich jahrhundertelang vor staunendem, geiferndem oder erschüttertem Publikum abspielte, geschieht heute meist hinter hohen Gefängnismauern und mit Giftspritze: eine Hinrichtung. Nicht erst seit Saddam Husseins Tod durch den Strang ist die Diskussion über die Rechtmäßigkeit der Todesstrafe wieder losgebrochen. Eine packende Geschichte des brutalen Geschehens im Namen der Gerechtigkeit. Anhand unzähliger Fälle zeichnet der Journalist und Historiker Martin Haidinger die Blutspur der Justiz durch die Geschichte nach, nennt die Namen von Henkern und Opfern und gibt Einblicke in die erschütterndsten Fälle.
Die Todesstrafe – das letzte staatliche Argument im Ringen um Sühne für Kapitalverbrechen, und zugleich das am öftesten missbrauchte Instrument politischer Willkür.

SPANNEND.
www.ecowin.at

Michael Kraus (Hg.)

Die Freimaurer

200 Seiten
Gebunden mit Schutzumschlag
Mit zahlreichen farbigen Abbildungen

ISBN: 978-3-902404-40-4

Um kaum einen Geheimbund ranken sich mehr Verschwörungstheorien als um die Freimaurer. Aus den Dombauhütten des Mittelalters entstanden, spielten Freimaurer eine wichtige Rolle in der Französischen Revolution und wurden Wegbereiter der amerikanischen Verfassung.
Wie sieht es aber heute ganz aktuell um die Freimaurerei in Österreich aus? Welche neuen Aufgaben haben sich die rund 3000 österreichischen Brüder im 21. Jahrhundert gesetzt? Wie und warum wird man eigentlich Freimaurer? Welches Verhältnis hat die Freimaurerei zur Religion? Wie steht man zur Globalisierung, zu Turbokapitalismus und wachsender Intoleranz? Und: Welche Rolle spielt die österreichische Freimaurerei in den Reformländern? Ein spannender Einblick in eine geheimnisvolle Welt von Ritualen und Symbolen.

SPANNEND.
www.ecowin.at

Boberski / Bruckmoser / Pfeifer

Geheimnis Vatikan

260 Seiten
Gebunden mit Schutzumschlag
mit zahlreichen farbigen Fotos

ISBN: 978-3-902404-34-3

*Hohe Mauern umgeben den kleinsten Staat der Welt, in dem
der wichtigste Repräsentant der meistverbreiteten Religion
auf unserem Planeten regiert – der Papst. Aber auch das
geistige Gebäude der römisch-katholischen Kirche, vor allem
das Geschehen in ihrer „Zentrale", ist oft nicht einsichtig und
gibt viele Rätsel auf, beispielsweise, warum Päpste nicht in
Pension gehen dürfen, welche Rolle Geld für die Kirche spielt,
warum auch in diesem frommen Umfeld mysteriöse Todes-
fälle keine zufrieden stellende Aufklärung finden. Aus diesem
Stoff wurden schon einige phantasievolle, doch nicht immer
den Fakten entsprechende Bestseller gestrickt. Drei kundige
Autoren versuchen den Schleier ein wenig zu lüften, der für
Außenstehende über dem Vatikan zu liegen scheint.*

SPANNEND.
www.ecowin.at

3,50

Rudolph Angermüller

Mozart muss sterben
Ein Prozess

256 Seiten
Gebunden mit Schutzumschlag
mit 16 Schwarz-Weiß-Abbildungen

ISBN: 978-3-902404-17-6

*Gewiss ist: Der Mensch muss sterben! Ungewiss sind Ort und
Stunde. Seit jeher ranken sich um Mozarts Tod zahlreiche
Mythen und Legenden. Doch wer hatte wirklich handfestes
Interesse am Ableben des damals erst 35-jährigen Meisters?
Im Frühling 1792, nur wenige Wochen nach Mozarts Tod,
werden in Wien die Hauptverdächtigen angeklagt. Ein imagi-
närer Richter macht zahlreichen Zeitgenossen, die dem Salz-
burger Genius loci nach dem Leben getrachtet haben, den
Prozess: Personen von Rang und Namen, falschen Freunden
und gekränkten Frauen, Gläubigern, Kirche, Hof und Adel,
Spitzeln, Freimaurern und so manchem Neider. Immer neue
Fragen tauchen auf und werfen ein völlig neues Bild und auch
so manchen Schatten auf Mozart und seine Welt.*